投資
終極戰

贏得輸家的遊戲

用指數型基金，打敗85%的市場參與者

二十周年｜**全新增訂版**｜

WINNING
THE LOSER'S
GAME

7TH EDITION

CHARLES D. ELLIS
查爾斯・艾利斯

劉道捷、林奕伶 譯

獻給琳達·羅里默，我深愛的妻子與摯友。

你幫助我了解到，努力最大限度量化投資成果，

並不比確保財務安全、享受舒適生活的自由更重要。

Contents 目錄

Chapter 1　輸家遊戲 …… 025

正是因為投資機構的數目極多，能力高強，
並決心為客戶做好投資管理，投資才會變成輸家遊戲。

Chapter 2　贏家遊戲 …… 037

要知道：今天的股市再也不是你祖父時代的股市了，
以至於「打敗大盤」這類目標就顯得很不切實際。

Chapter 3　為什麼你不可能打敗大盤？ …… 049

能夠打敗大盤的投資人寥寥可數，
並不是他們的技巧不足或不夠努力，原因正好相反……

抓對投資的方向

「綠角財經筆記」部落格格主　綠角

　　假如你問一位投資人，投資的重點是什麼？他很可能會說，要積極分析與挑選證券，創造優異報酬，或是評斷目前市場價位的相對高低，據此進出市場。

　　假如你問一位理財顧問，投資的重點是什麼？他很可能會說，要藉助精巧的分析方法，替客戶挑出卓越的基金。

　　假如你問一位基金經理人，投資的重點是什麼？他很可能會說，重點就在於基金要創造勝過大盤的報酬。

　　這就是大多數一般投資人與投資專業人士所認為的投資重點：比市場更好的績效。但在一心追求績效的同時，許多人往往都忘記了投資理財的最終目的，那就是達成人生各階段的財務目標。

投資，不是為了要成為全球排名前一百大的億萬富豪。全力想達成高報酬率的投資做法，往往只看到報酬，把風險擺在次要，結果適得其反。相對的，當投資人以自身財務目標為前提在計劃投資時，他不僅把目光放在一個明確且有機會達成的目標，過程中也不會盲目追求高還要更高的報酬率，而是一個合理、以市場務實狀況可以達成的報酬率。

追求高報酬，不應是投資的重點。達成個人的財務目標才是。況且，用於追求高報酬的努力與資源，往往是白費心力。人人都希望可以打敗市場，但絕對不可能人人都打敗市場，一定會有人報酬比市場好，有人報酬比市場低。

實務經驗告訴我們，即使是專業經理人，也很難長期持續打敗市場。這是個事實，過去已經如此，未來也會如此。

一個連專業人士都難以勝任的任務，一般投資人的合理預設立場應該是「我會表現得比專業人士好」或「我的勝算更加渺茫」？一位務實的投資人，應該知道哪個選項比較合理。但在承認這個令人有點悲觀的事實後，是否代表我們的投資就一無可取，沒什麼可以做的事了呢？實情恰好相反。市場本身就有報酬。以台灣為例，代表台灣股市的發行量加權股價報酬指數，在2003年1月2日，是4525點。在2013年12月31日，來到8611點。十一年期間，共有約90%的累積報酬；而美國股市自1926至2012年底，有9.8%的年化報酬率。

投資人不必努力選股，也不必擇時進出。只要有一個低成本高效率的指數化投資工具，就可以讓投資人取得市場報酬。更妙的是，當你採取指數化投資獲取市場報酬時，大多數投資人長期成果落後市場的難堪事實，將轉變成大多數積極型投資人將落後你的指數化投資的有趣現象。而且，當你將用於投資的心力，從試圖打敗市場的戰術層面抽離出來時，就可以著眼於更高層面的戰略思考。換句話說，你將可以把精力投入如何進行資產配置、明確定義投資目標，以及探究自己的風險忍受度等投資的真正關鍵要點上。

　　換句話說，不僅投資工具的績效，會因為你採行指數化投資而變得更好，指數化投資也讓你脫離「選股」與「擇時」這些繁重卻常徒勞無功的工作，讓你把心力放在投資真正的重點上。整個投資過程將變得更為切中要點且有效率。

　　對於投資專業人士來說，也不是只有帶給客戶超越市場的成績，才算對客戶有助益。協助客戶了解市場很難打敗的事實，幫助他們採行指數化投資，以資產配置的角度規劃整體投資，這也可以是非常有價值的事。而且，藉由這樣的觀點進行理財規劃的客戶，其實際的投資成果，有很大的機會勝過不斷轉換基金、在一個又一個熱門產業與明星經理人間轉換的客戶。

　　這本書讓人看清楚投資的重點，體認市場難以打敗的事實。投資人與理財顧問，都可以用更有效的面向，切入投資的問題。

輸家遊戲如何變成贏家遊戲？

查爾斯·艾利斯

我很幸運，娶了一位十分完美又善於啟發別人的女性，我在美國出生，在名校受教育，我有幸跟我喜歡、崇拜和喜愛的父母、子女和孫子女生活在一起，有幸在投資管理方面擁有非常廣泛的全球朋友圈，這是在非常受歡迎的行業中，極具吸引力的專業，到處都是聰明、專心又有創意的人才。

投資似乎是件太複雜的事情，而要聰明的投資，可能會花太多時間。

大部分的人太忙，沒有時間「完全了解這種計畫」，他們和你一樣，都有更重要的事情要做。

隨著愈來愈多的關注，我發現吸引我進行投資的長期專業知識，日漸受到「短期商業主義」與「投資人不確定如何

長期管理投資」的損害。我之所以寫這本書，原因是認為我的一切專業優勢，有服務他人的明確責任。

過去一個世紀以來，股票市場已經出現巨幅變化，並在很多方面為散戶和專業投資人帶來無法克服的問題，本書第1章〈輸家遊戲〉會說明那些驚人的變化。遵循發現問題，解決問題的傳統，我撰寫本書的目的就是，讓每一位讀者都能了解自己所面對的現實狀況，並且知道如何採取適當的行動，把一般的輸家遊戲變成贏家遊戲，讓每一位明智的投資人，都可以且應該變成長期贏家。

過去五十年多來，我跟世界各國的實務與理論專家學習，設法收集、融會及盡可能清楚簡單的說明成功投資的原則。對於需要自律、希望避免陷入輸家遊戲的散戶與機構投資人來說，本書中的簡單訊息是現在乃至於未來五十年的成功關鍵：明智投資的贏家遊戲。

成功投資的核心原則絕不會改變——將來也永遠不會改變。事實上，當核心原則受到短期資料最嚴厲挑戰的時候，正是它們最重要、最被需要的時刻。這就是為什麼當你閱讀本書之後，會了解到如果投資要成功，你真正需要知道的一切，盡在本書中。

許多人（多到無法細數）慷慨貢獻所知，幫助我在投資上長期學習。露絲·哈默爾（Ruth Hamel）的精心編輯，為本書的每一頁錦上添花，與她一起工作和學習著實充滿樂

趣。當我們在小辦公室一起工作時，布魯克·羅薩蒂（Brooke Rosati）耐心的微笑且哼著歌，將我難懂的文字轉換成清晰、一致的書稿。

聚焦指數化投資的經典之作

耶魯大學投資長

大衛・史雲生（David F. Swensen）

査爾斯・艾利斯在《投資終極戰》中以妙趣橫生、引人入勝的文體，教給投資人寶貴的經驗。所有人都應該留意他在書中所說的話。

《投資終極戰》與墨基爾（Burt Malkiel）的《漫步華爾街》、柏格（Jack Bogle）的《共同基金必勝法則》，並列為散戶投資人的經典神著。艾利斯在他這本名著的第七版（最後一版？）一再提醒我們，低成本的指數型基金（index fund）為投資成功與財務安全提供基礎。

艾利斯熱切又理據縝密地支持指數型投資，是對當今共同基金業盛行的積極管理策略，傳達強烈的指責。最無法辯駁的是，正如艾利斯屢屢指出的，企圖打敗市場的基金並未

達成目標。既然艾利斯稱讚共同基金投資組合經理人的分析工作品質，那問題出在哪裡呢？

問題的關鍵在於，共同基金經理人通常未能盡到自己受投資人託付的責任。他們沒有將投資人的利益列為第一優先，因為這需要將他們旗下管理的資產，限制在積極管理可以成功的程度；共同基金經理人反而屈服於「膨脹的基金、創造膨脹的獲利」這種危險的惑人妖言。

為什麼說「規模」是績效的大敵呢？因為規模愈大，需要的部位愈多。規模較大的基金可不只需要經理人的二十個有效構思，而是需要五十個（或一百個）有效構思。第五十個（或第一百個！）有效構思與第二十個同樣優質的機會有多高？不是太高。隨著旗下管理的資產規模擴大，可投資的範圍縮小。大型基金競相爭取勝出，靠的是投資已經有徹底研究且有效定價的大公司。規模較小而靈活的基金，在績效競爭中有明顯優勢，能在沒有經過那麼徹底地研究、且定價效率略低的證券中選擇。

另一方面，資產過多會妨礙績效，卻給經理人創造可觀的利潤。隨著規模擴大，管理費也增加。費用沒能跟上，無法將積極管理的共同基金變成獲利機器。共同基金限制管理的資產以照顧投資人利益，反而罕見。

共同基金經理人又以高得離奇的投資組合轉換率，進一步違背他們的受託責任，根據艾利斯的估計，這個轉換率接

近每年60％至80％。高轉換率源於企圖短期打敗市場卻未果，導致獲利了結（在我們普遍上漲的市場），結果就是投資人收到稅單。真正的受託者會以較長期的投資格局進行操作，或者對應稅投資人關閉高轉換率基金。

投資人想要的基金經理人，是以「創造高報酬」為主要目標，以及套用一位耶魯經理人的說法——晉身「報酬率名人堂」。然而，讓人難以承受的是，共同基金經理人收取過高的管理費，卻在「報酬率恥辱堂」虛度時光。

受託責任與獲利動機之間的矛盾，往往是以偏向獲利的方式解決。散戶投資人只能接下這個爛攤子。

要解決投資人的難題，艾利斯提出低成本指數型基金的解決之道。最著名的指數型基金業者「先鋒」（Vanguard），在服務投資人方面有獨特優勢——創辦人柏格在構思先鋒時不帶獲利動機，公司的架構讓投資人得以擁有自己投資的基金。柏格藉由排除利潤，消除了受託責任與獲利動機之間的矛盾。先鋒是為了投資人而存在。就是這樣。

在現今的市場上，還有積極管理的一席之地嗎？我就用自己擔任耶魯大學校務基金投資長的經歷來回答。

在我於1985年開始管理耶魯大學校務基金時，我是懷抱著對市場效率的強烈信念來處理這個挑戰。我解雇了在我到來之前就存在的倒楣積極投資經理人，將款項重新配置到指數型基金。沒多久，超過一半的校務基金已經指數化。

然而，耶魯從積極管理轉向指數化的行動趨緩，因為發現我承接的幾位經理人，從事的是可望給投資組合增加價值的合理策略。好奇之下，我和團隊開始尋找其他經理人。幾年後，耶魯的指數型投資大多不存在了，取而代之的是高品質的積極型投資經理人。

　　查爾斯・艾利斯是耶魯校務基金轉型的核心。我第一次遇到查爾斯是在1980年代末期，當時他正對一個投資管理團體演說。查爾斯談起他在菲利普埃塞特學院（Phillips Exeter）、耶魯及哈佛接受的教育如何改變他的人生。他告訴那個團體，他打算奉獻一生回饋那些對他十分重要的機構。我當下決定要讓查爾斯成為耶魯投資方案的一員。先是擔任非正式顧問，接著在一九九二到一九九八年間，成為耶魯投資委員會成員，最後在1999到2008年間擔任委員會主席。艾利斯堅實可靠的智慧與果斷，在我的事業發展及耶魯的投資成就扮演關鍵角色。

　　耶魯的校務基金投資組合經過積極管理，為學校增加極大的價值。過去這三十年，耶魯每年12.9％的報酬率，遠遠超過以60％美國股票、40％美國債券組成的被動投資組合8.8％的報酬率。報酬率的差異為耶魯增加二百八十二億美元的價值，部分表現在增加經費支持耶魯的教學與研究任務，部分則表現在校務基金的價值提高。

　　耶魯投資操盤室（Yale investment office）增加的這數

百億美元，是透過世界級投資專業人士的勤懇努力，目前人數有三十人。投資團隊在全世界四處搜尋，尋找非凡投資者大加利用的投資機會，而他們又是由個人組成的小型創業公司支持。當耶魯的投資團隊發現有潛力的投資經理人，就會捲起袖子進行極為徹底的盡職調查（有位耶魯的長期夥伴宣稱，耶魯曾接觸他的小學三年級老師了解情況）。通過調查階段後，團隊接著協商出一份合理的薪酬結構，獎勵投資成績。後續會有嚴密的監督。幾乎耶魯投資的所有外部經理人，都是一般投資人接觸不到的。沒有雄厚的財務資源和勤懇的高品質團隊，幾乎不可能在殘酷割喉的積極管理世界成功。

2000 年，我出版《開創性投資組合管理》（*Pioneering Portfolio Management*）一書，概述我管理耶魯校務基金的原則。沒多久，我開始寫針對散戶投資人的書。一開始，我打算修改我在耶魯的投資組合管理方法，調整為適合散戶投資人的機會。隨著我著手研究其他投資選擇，這才發現普通散戶根本無法取得耶魯能接觸到的選項。不得已，我在 2005 年出版的《耶魯操盤手：非典型成功》（*Unconventional Success*），最後總結道：「散戶應該徹底避免積極型管理」。

投資管理界在這方面比較不尋常，正確的方法都是極端手段。明智的投資人若不是將一切都指數化（差不多對所有散戶及絕大多數的機構投資人，都是正確做法），就是一切

都積極管理（這只對那些富有的個人、以及投入驚人資源以達成積極管理成績的機構來說，是正確的方法）。遺憾的是，大部分投資人最後落在不上不下的中間，為平庸的績效支付高額管理費（以及不必要的稅金）。

　　儘管我欣賞且衷心支持艾利斯的投資方法，但我有兩個疑慮。第一，我擔心艾利斯低估了多元分散的重要性，一心支持純股市投資。儘管他贊同各種形式的股票投資——海外已開發、海外新興、不動產——但他建議投資人避免長期投資債券。我比較喜歡更廣泛的多元分散。除了上述的股票類別，我還會增加美國公債及美國抗通膨公債的配置。艾利斯提到正確的一點——投資人往往無法在市場緊張時期維持股票投資部位。他認為解決辦法就是教育和堅忍。我認為解決辦法是廣泛分散（以及教育和堅忍）；第二，艾利斯建議投資人，尤其是較年輕的投資人，適度借錢以擴大投資組合的規模，或許會有好處。我擔心的是，紀錄明顯指出投資人有追逐績效的傾向，在業績強勁之後買進並在表現不佳之後賣出，這個傾向會因為借錢而惡化，增加在不當時機進出市場的可能性，並加重散戶投資人的苦難。儘管有這些分歧，我還是熱切信奉《投資終極戰》中的諸多訓誡。

Chapter 1

輸家遊戲

正是因為投資機構的數目極多，能力高強，
並決心為客戶做好投資管理，投資才會變成輸家遊戲。

　　績效評比機構的電腦不斷送出令人失望的資料，一再用
事實與數字，告訴我們大多數共同基金的績效不佳，並不能
打敗大盤。退休基金和校產基金也面臨同樣殘酷的現實。即
使他們偶有佳作，偶爾創造績效高於平均水準的期間，燃起
大家的希望，但這種期望通常很快就會幻滅。投資經理人清
楚表明，他們的目標是要勝過大盤指數，然而，實際情形正
好相反——他們無法打敗大盤，反而被大盤打敗了。

　　人們在面對和自己信念衝突的資訊時，通常會有兩種反
應：有些人會忽略新知識，牢牢堅持自己的信念；有些人會
接受新資訊的正確性，在認知現實狀況時，把新知識納入考
慮並加以應用。大部分投資經理人和散戶因為在長期不變的

否定狀態中故步自封，在市場環境歷經變遷的時代，依然堅持一套浪漫主義的信念。而他們對「投資機會」抱持的浪漫觀點，一再（且日益）被證明是錯誤的。

從傳統上來看，投資管理一向是以單一核心信念為基礎，這種信念就是「投資人可以打敗市場，超級經理人一定會打敗大盤」。這種樂觀的預期在五十年前是合理的，但「時間」已經以各種方式為市場帶來極大的改變，以至於這種前提變得不切實際：若以一年為期的整數計算，有70％的共同基金表現輸給了大盤；十年期更糟，有80％的基金表現不如大盤。

是的，或許有幾檔基金的績效表現，會在任何特定年分或任何十年期間優於大盤，但只要仔細觀察它們的長期紀錄就會發現，少有基金能夠打敗大盤的平均水準，而且沒人可以事先知道哪些基金辦得到。

如果「可能打敗大盤」的前提正確無誤，那麼決定如何創造這種成就，就會變成一個直截了當的邏輯問題。

首先，因為我們可以用標準普爾500指數或道瓊威爾夏5000指數[1]之類的公開標準，代表整個市場——成功的積極型經理人只需要用比「無腦」指數更能創造獲利的方式，重

1　Dow Jones Wilshire 5,000 Total Stock Market Index，代表了5,000檔在美國公開交易的股票，包括紐約證券交易所的所有股票、大部分在納斯達克或美國證券交易所的股票。

新調整自己的投資組合就夠了。積極型經理人可以選擇採用不同基準的適當選股方法、策略性強調特定類股、從事波段操作，或是混合這些決定，就可以達成目的。

第二，因為積極型經理人希望盡量做出最多「正確的」決定，因此一定會招募一群天資聰穎、雄心勃勃的專業人士，大家互助合作，一心一意找出價格被低估的股票買進，將價格高估的股票賣出，靠著跟群眾精明的對作來打敗大盤。對外行人來說，經驗豐富的專家擁有這麼多機會、付出如此多努力去精益求精，想必能像幾十年前一樣，靠著一流的消息、強大的電腦類比、高超的技巧來勝過市場。

不幸的是，許多機構投資人可以打敗現今市場的基本假設有誤。因為今天投資機構就是市場。交易所的所有交易中，超過98%由投資機構操作，他們操作盤外和衍生性金融商品交易的比率甚至更高。正是因為投資機構的數目極多、能力高強，並決心為客戶做好投資管理，投資才會變成輸家遊戲。投資專家雖然聰明、勤奮，但是整體而言並無法打敗自己。事實上，因為積極型管理的營運成本，必須因應各種費用、手續費、市場衝擊、稅金，大部分的積極型投資經理人，每年的投資績效一定會敗給整體市場，而且從長遠來看，絕大多數表現不佳。

散戶的表現更差──一般而言相當差勁，而當日沖銷是其中最糟糕的事情，是傻瓜玩的遊戲，千萬別做這種事。

在分析機構投資從贏家遊戲變成輸家遊戲的原因之前，請想一想這兩種遊戲之間的重大差異。在贏家遊戲中，結果是由贏家的正確行動決定；在輸家遊戲中，結果則是由輸家的錯誤決定。

賽門・藍莫（Simon Ramo）博士是科學家，也是精密電子公司（TRW）創辦人之一，他在探討賽局策略的傑作《網球庸手的高超打法》（*Extraordinary Tennis for the Ordinary Tennis Player*）中，指出贏家遊戲與輸家遊戲的重大差異。藍莫經過多年觀察後發現，網球不是一種賽局，而是兩種賽局：一種是職業球員和非常少數天生業餘好手的賽局；另一種是包括我們在內的所有其他人玩的賽局。

雖然兩種賽局中的球員都採用相同的設備、服裝、規則和計分方式，而且兩種球員都遵循相同的禮儀和習慣，但兩種球員的打法大不相同。藍莫經過深入的統計分析後，用「職業球員想辦法得分，業餘球員想辦法不失分」摘要說明這種情況。

職業球員打網球時，最後的結果由贏家的行動決定。職業球員像雷射一樣精準，大力擊球，經歷漫長且經常激烈的反覆對打，直到其中一位球員能夠把球打到對手救不到的地方，或是迫使對手犯錯為止——職業球員通常很少犯錯。

藍莫發現，業餘球員幾乎完全不同，他們很少打敗對手，通常是打敗自己，實際結果由輸家決定。輸家打球時，

高明的發球、漫長而刺激的對打和看來神奇的救球很少會出現，而且間隔的時間很久，球打到網上或出界的次數太頻繁了，發球連續兩次失誤也很常見。我們與其設法增加發球的力量，或是把球打得更接近邊線來贏球，不如集中精神，持續不斷地把球打回去，好讓對手面對每個犯錯的機會。這種網球賽局的贏家之所以能得到比較高的分數，是因為「對手失分更多」。

科學家兼統計學家的藍莫博士，採用巧妙的方法來測試自己的假設。他不採用傳統的15-0、15平、30-15等網球計分方式，而是計算得分和失分。他發現在職業球員的網球比賽中，大約80％的分數是得分；在業餘球員的比賽中，大約80％的分數是失分。

這兩種打法截然不同，職業網球賽是贏家遊戲，結果由贏家的行動決定；業餘網球賽是輸家遊戲，結果由輸家的行動決定，輸家是自己打敗自己。

著名的軍事史專家、海軍上將薩姆爾·莫里森（Samuel Elliot Morison）在其論著《戰略與妥協》（*Strategy and Compromise*）中，提出類似的重點：「在戰爭中，犯錯勢所難免，軍事決策經常是以對敵人力量與意圖的評估為基礎，也以情報為基礎；評估經常錯誤，情報一向都不完整，還經常造成誤導。當其他條件相同時，犯最少戰略錯誤的一方會贏得戰爭。」

戰爭是終極的輸家遊戲，業餘高爾夫是另一種。湯米·艾穆爾（Tommy Armour）在其大作《如何隨時打出最高水準的高爾夫》（*How to Play Your Best Golf All the Time*）中說：「贏球最好的方法，是盡量減少差勁的發球。」所有在週末才打高爾夫球的人，應該都會同意他的說法。

還有很多種輸家遊戲，例如機構投資原本是贏家遊戲，但是隨著時間過去，已經變成輸家遊戲。一百年前，只有非常大膽、運動神經發達、意志堅強、眼力敏銳的年輕人，才有勇氣嘗試開飛機，在那種輝煌的歲月裡，飛行是贏家遊戲。但是時代已經改變了，如果今天你搭乘波音七四七噴射客機，看到上頭的駕駛員還是二戰時期的打扮，你一定會落荒而逃──這種人已經不屬於飛機，因為今天的飛行是輸家遊戲，只需要遵守一個簡單規則，就是不犯任何錯誤。

贏家遊戲經常自我毀滅，因為贏家遊戲會吸引太多的參與者，所有參與者都希望獲勝（這就是為什麼淘金潮會慘烈收場的原因）。幾十年來，我們稱為投資管理的「金錢遊戲」發生了變化，從贏家遊戲變成輸家遊戲，原因在於投資環境出現根本的變化：市場變成由投資專家占壓倒性多數，他們都有一流的消息、巨大的電腦計算能力，並透過努力超越他們共同主導的市場以爭取勝利。積極型投資經理人不再跟過

度小心的保管機構²競爭，也不再跟過度自信、與快速波動市場脫節的業餘投資人競爭，現在投資經理人在輸家遊戲中，跟其他成千上百的勤奮投資專家競爭，「獲勝」的祕密在於自己的虧損比別人少，並足以支付一切成本與費用。核心問題很清楚：專業投資經理人構成的團隊都極為高明，以至於團隊中的任何一個成員，幾乎不可能打敗市場，也就是由他們共同決定的「專家共識」。

今天的金錢遊戲中，確實有一大堆可怕的競爭對手。每一天，數以萬計的避險基金、共同基金、退休基金經理人、私募基金經理人，以及其他基金構成的投資機構，全天候在市場上操作，形成最激烈的競爭。其中五十家最大、最積極的投資機構，就占了所有交易的一半；連最小的一家，一年通常都要支出一億美元，向紐約、倫敦、法蘭克福、東京、香港和新加坡的主要經紀商、自營商購買服務。可想而知，這些可怕的對手想要「最先得到」重要而新穎的市場分析資訊，但如今，美國證券交易委員會要求所有上市公司，要盡力確保所有投資人同時獲得一樣的實用資訊。因此，散戶每一次買賣時，與之交易的「其他人」幾乎是擁有完整經驗、資訊、電腦與分析資源的熟練專業人士。

2　意指任何經核准開辦有價證券保管業務之金融機構，目前多由商業銀行信託部辦理。

這群熟練的專家厲害至極！他們讀大學和研究所時，都以最優異的成績畢業，他們是「最高明、最聰明」的專家，紀律嚴明、理性十足，又得到成千上萬技術高超、一心求勝的專業分析師所提供的特殊資訊。

的確，專家會犯錯，但是其他專家也總是在注意錯誤，因而能全力出擊。重要的投資新機會根本不常出現，而罕見的投資良機一定不會沉寂太久（在物理學、社會學和投資中，回歸平均數的趨勢，也就是行為會趨向「正常」或普通水準的趨勢，是持續一貫且強而有力的現象）。

這種新遊戲規則的關鍵問題在於：積極型共同基金經理人必須多高明，才能至少收回基金管理的成本？答案令人望而生畏。我們假設基金投資組合每年的周轉率為80%（意思是基金經理人在十四個月內，更新其基金組合內持股的次數不限），交易平均成本（手續費加上巨額交易對市場價格的衝擊）為買進1%，賣出1%，加上1.25%的共同基金費用支出，這麼一來，一般基金的年度稅前營運成本就是3.25%。[3]

---

3 不只是經紀商手續費和交易價差應該納入交易成本。要說明交易成本過高，最好的方法是比較「紙上」投資組合的理論性操作績效，和「投入真正資金」投資組合的實際成績。專家會告訴你，其中的差異極大；此外，還有另一種交易成本，就是不明智買進你原本不應該購買的股票，你無法「確定」是否能隨時出脫持股，因為市場看來流動性極高。這種情形是真正的流動性陷阱。想一想，要是大家確定自己一定會被抓包，那麼在高速公路上或在臥房裡的行為會有多大的不同。投資也是這樣：你並非總是會被抓包，但也不是沒有被抓包的可能性。以上這些成本都是交易總成本的一部分。

也就是說，積極型經理人必須克服大約占3.25％的年度營運成本負擔，才能達到收支平衡。對基金經理人來說，如果想要符合市場普遍期望的7％未來報酬率，必須在扣除所有成本前，獲得10.25％的報酬率。換句話說，光是要創造追平大盤的績效，積極型經理人的操作績效，就必須創造高於市場（專家共識）總收益46％的成績！[4]

　　當然，在由投資專家主導的市場中，競爭十分激烈、消息快速流通，而專家仍不斷尋找並利用任何機會，因此要創造優異成績幾乎是不可能的事。這就是赤裸裸的現實，也是大多數積極型經理人和客戶一直無法從金錢遊戲中勝出、長期敗給大盤的原因。因此，說出「我是贏家，我會從金錢遊戲中勝出」的經理人，確實應該負舉證責任。

　　經理人要打敗其他投資專家，必須技巧高明、行動迅速，才能抓住其他專家所犯的錯誤——還要能比其他專家更快速且有系統的利用這些錯誤（連專家都會犯集體錯誤，尤其是在市場漲到巔峰時，完全投資在市場中，試圖預測其他專家的預期，當然，大家都彼此預期著。專家犯個別錯誤時，必須快速改正錯誤，否則就會看到其他專業競爭對手，快速利用和改正這些錯誤）。

4　這點凸顯波克夏公司的股神巴菲特，以及耶魯大學投資長史文森的超高績效更令人嘆為觀止。

對敬業的專家來說，投資之所以變成輸家遊戲，原因在於他們努力打敗大盤的做法，已經不再是整個方程式中最重要的一環；他們本身才是現在問題中最重要的一環。我們在賽局理論中學到，每一個參與者的策略，應該納入對其他參與者策略與行為的了解與預期。如今在每一位投資經理人設法解決的複雜問題中，個體致力於尋找解決方法，加上眾多專業競爭對手付出的努力，已變成所有積極型經理人必須面對的主要不利現實。

　　積極型投資經理人的成績這麼差勁，不是他們的錯。五十年來，他們操作的競爭環境已產生劇烈變化，市場從對他們相當有利變為非常不利，而且極多擁有特殊能力、能得到有用資訊的聰明人不斷加入競爭行列，這也使得競爭環境變得愈來愈惡劣。

　　想利用積極型投資創造高於一般水準的績效，你必須利用別人的錯誤和疏忽，別人必須表現得像樂於虧損，以便讓你在付出所有操作成本後還可以獲利。在1960年代，投資機構交易只占公開交易的10％，散戶占公開交易的90％，實際上，大量的散戶注定會輸給專家。

　　管理學大師彼得・杜拉克曾經做過極為明智的解釋：有效率，表示知道怎麼用正確的方法做事；但有效能，表示知

道怎麼做正確的事情。由於在已知的未來，大多數投資經理人將無法打敗大盤，所有投資人至少該考慮投資在「指數型基金」上，如此就永遠不會被大盤打敗。指數化可能不有趣也不刺激，效果卻非常好。資料顯示：指數型基金的投資成果勝過大多數投資經理人。隨著專業人士日益主導市場，積極型經理人面對的挑戰也更加嚴峻。

對大多數投資人來說，「現實生活」中投資最困難的部分，不是想出最適當的投資政策，而是堅決遵循健全的投資政策，熬過多頭和空頭市場，像英國政治家迪斯雷利（Disraeli）所說的「貫徹目標」。

在市場高峰或谷底期間，要維持對市場的長期關注極為困難，在這兩種極端的市況中，情緒波動會很強烈，市場會迫切要你改變，而且眼前的「事實」也讓你無法忽視。

投資顧問的專業要務是協助每一位客戶，辨認、了解和堅定執行長期投資目標。投資目標必須在資本市場中合乎現實，又符合特定投資人的真正目標。投資顧問能協助投資人做出正確選擇並繼續向前。

在檢討投資世界的眾多重大變化之前，我們必須提醒自己，積極型投資永遠是「負和遊戲」；投資人之間的投資交易本身是「零和遊戲」，但必須扣除管理費和其他支出的龐大成本（占收益的百分比），也必須扣掉手續費和市場衝擊成本。這些成本加總起來，每年都高達數十億美元。

愈是想尋找積極型超級經理人，投資人愈會覺得洩氣，因為證據顯示，過去曾創造優異績效的經理人，未來不太可能持續下去。在投資績效方面，過去不是未來的序幕，只有一種悲慘的情況是例外，那就是過去一再創造差勁績效的經理人，未來也很可能令投資人陷入絕望之中。

讓人振奮的是，如果大多數投資人想透過積極型投資玩「打敗大盤」的輸家遊戲，他們注定會虧損，而知道這個事實的每一位投資人都可能變成長期贏家。想變成長期贏家，你必須專心一致，訂定務實的目標，然後制定明智的投資策略去實現它，並具有持續貫徹這些策略的自律與毅力，好讓我們每個人都能參與真正的贏家遊戲，並且樂在其中。這就是本書所要探討的事。

Chapter **2**

贏家遊戲

要知道：今天的股市再也不是你祖父時代的股市了，
以至於「打敗大盤」這類目標就顯得很不切實際。

　　每一個人都希望投資成功，千百萬個投資人都希望靠著
投資，確保自己退休後的生活安定、提供子女教育基金，或
是享受更好的生活。學校、醫院、博物館和大學都依賴成功
的投資，完成自己的重要任務。當投資專家協助投資人達成
務實的長期目標時，投資管理這行就是高貴的行業。

　　然而，長期累積的證據卻迫使大家承認：大多數投資人
承受嚴重的虧損。很大一部分原因是投資人犯了錯，但並非
只有投資人犯錯，投資專家必須承認真正的錯誤大都不是客
戶的錯誤，而是自己的錯誤。還好，專業投資人可以（也應
該）改變做法，以確保客戶和投資經理人本身，都能夠把投
資變成真正的贏家遊戲。

投資管理領域雖然極為複雜，但其實只是由兩大部分構成。一部分是專業——盡力為客戶獲取最好的報酬；另一部分是事業——盡力為投資管理業者賺到最好的收益。投資管理就像法律、醫療、建築和管理顧問之類的專業，專業價值和事業經營之間持續不斷地競爭，投資公司要留住客戶的信任、維持事業的生存，在這兩方面都必須做得很成功，長期而言，後者要依賴前者。不幸的是，投資管理和許多其他專業有一項差異：無法平衡這兩方面，優先注重專業價值與責任，把事業目標當成第二優先。

投資公司要平衡專業價值和事業經營，必須強調投資諮詢，協助客戶把精神放在獲勝機率高且值得獲勝的遊戲上。幸運的是，就長期而言，有助於滿足專業目標的事情，也有助於投資公司的事業，因為良好的事業總能滿足客戶的需要。

投資專業雖然像所有專家必須努力學習的專業一樣，有許多特別困難的層面，需要絕佳的技巧去處理，複雜程度幾乎每天都在增加。但其實投資專業只由兩大部分組成，其中一個是「價格發現」，這愈來愈困難，必須設法結合具有豐富想像力的研究和精明的投資組合管理，創造優異投資績效，打敗無數目前主導市場、集體制定證券價格的投資專家。「打敗大盤」的價格發現與競爭雖然很有趣、令人十分興奮，但是就如我們多年來所見，要達成這個目標變得更加困難。這也是為什麼大部分積極型投資人最後並沒有打敗大

盤，反而遭到大盤打敗。

困難度並非總是和「重要性」相稱（事實證明，在醫學中，簡單的洗手在挽救生命方面的重要性，僅次於盤尼西林）。投資專家所能做最有價值的事情，就是僅次於投資本身的「投資諮詢」，這也是困難度最低的工作。有經驗的專家可以協助每一位客戶周詳思考，決定合理的投資計畫，讓客戶盡可能達成務實的長期目標。同時，專家可以協助客戶，將風險控制在可容忍的範圍內，像是所得變動、市值變化，或流動性限制的風險控制。在市場充滿激情及「這次不一樣」的思維，或者充斥令人感覺「情況會更糟糕」的不安威脅時，可以協助客戶堅持合理的投資計畫。要保持既定的方向並不簡單也不容易，但是比做好投資管理容易多了。投資專家有了新工具幫忙後[1]，投資顧問的工作變得愈來愈容易，但是達成優越績效的投資卻變得愈來愈難。

相當諷刺的是，獻身於投資管理的人，在無意之中，為自己製造了三個問題。其中，前兩個問題是後果嚴重的「作為失誤」（errors of commission）；第三個問題則是更嚴重的「遺漏失誤」（error of omission）。

第一種「作為失誤」，是面對客戶和潛在客戶時，把專

---

[1] 例如金融引擎（Financial Engines）與市場騎士（MarketRiders）之類的金融服務網站。

業任務錯誤定義為「打敗大盤」。五十年前，接納這種定義的人有良好的成功前景，但是這種日子早已過去，在今天這種競爭激烈的證券市場中，長期而言，操作績效勝過大盤指數的積極型經理人少之又少，大部分經理人都無法達成目標，就規模大小而言，績效不如大盤的經理人遠超過績效勝過大盤的經理人。此外，要看出少數未來的「贏家」經理人極為困難[2]，過去一度是「市場領袖」的經理人，未來的失敗率很高。[3]

第一種「作為失誤」會帶來悲慘的現實狀況，就是投資管理業者繼續推銷在大部分情況下沒有打敗大盤，而且極可能不會優於大盤的基金。

要知道，今天的股市再也不是祖父時代的股市了，真正大規模的變化已經完全改造市場和投資管理，以至於「打敗大盤」這類目標就顯得不切實際，而且愈來愈多的投資人慢慢承認這個事實。以下是過去五十年來，合力把積極型投資變成輸家遊戲的一些變化：

2　連長期觀察投資績效的人，在設法評估投資經理人的績效紀錄時，都很難區隔運氣的影響和經理人技巧之間的差別。

3　格林威治公司（Greenwich Associates）的年度研究報告顯示，四十年前，為美國退休基金服務的二十大最優秀投資經理人中，只有一位目前還在二十大優秀經理人名單中；三十年前，英國二十大最優秀投資經理人中，只有兩位現在還在最優秀經理人名單中。

- 紐約證券交易所成交量成長超過一千倍——每日成交量從大約300萬股，增為超過50億股。其他世界各地主要交易所的成交量也出現類似變化。

- 投資人結構已經出現重大變化——過去紐約證券交易所的成交量中，有90%是散戶每一、兩年平均進行一次的交易，現在卻有98%是每天由機構法人或電腦程式進行的交易。只要有長遠記憶的人都會告訴你：今天的機構投資人比當年更大、更精明、更厲害，行動也快多了。

- 衍生性金融商品的成交值，從零快速成長到超過「現股」市場的成交值——而且幾乎所有成交值都是機構交易。

- 超過十二萬名分析師取得美國財務分析師（CFA）執照——五十年前一個都沒有；另外還有二十萬人正在準備CFA的考試。

- 「公平揭露規則」（Reg FD）之類的法規，已經使大多數來自公司的投資訊息「商品化」。過去那些傳統、基於研究的主動投資珍貴祕訣，如今已成為法律上的「商品」，上市公司必須開誠布公的告知一切資訊——透過Twitter或其他可靠方法告訴所有人。

- 程式交易、交易模型和很多創新的「量化交易專家」，都是強而有力的市場參與者。

- 全球化、避險基金和私募基金，已成為推動所有證券保持一致公平價值的主力。
- 大券商的投資研究報告產出巨量有用的資訊，透過網路即時傳送給成千上萬在世界各地從事快速反應決策的專業分析師和基金經理人。
- 超過三十二萬台彭博終端（Bloomberg Terminal）每天二十四小時發送各種數據，以及任何你想知道的投資分析報告。
- 網際網路和電子郵件掀起全球通訊科技革命，投資人確實已「同在一起」，幾乎每個人都知道所有事情。

因為眾多變化的關係，股市——也是世界最大、最活躍的「預測市場」之效率，已經變得愈來愈高。要與精明、勤奮的專家競爭已經變得愈來愈難，他們決定市場行情，既擁有完整資訊，又有運算能力和經驗。特別是在扣除成本和管理費後，任何投資人要打敗大盤（專家共識）實屬不易。

遺憾的是，大部分基金和「績效」有關的描述，甚至沒有提到投資中最關鍵的風險因素，所以要記得一件重要的事：輸家表現低於市場一點五倍，贏家則高於市場一點五倍。況且，這些績效數據也沒有配合稅負因素調整，尤其是目前投資組合的週轉率通常為60%至80%，伴隨而來的就是

針對短期收益的高稅負。[4]最後，基金的績效計算通常是以「時間加權」，而非以「價值加權」的方式呈現在報告上，因此，報告中的數據無法反映投資人的真正經驗，只能顯示投資人的實際現金價值加權紀錄，這看起來並不漂亮。

還有一件事情令人難受，就是看到散戶和投資機構，在自己的投資經理人創造幾年差勁的績效後，轉而投資近期創造「極佳」紀錄的經理人，讓自己陷入另一輪買高賣低的痛苦中，損失所購買基金三分之一左右的實際長期報酬率，因而產生怨恨（自己積極管理投資的散戶績效更差勁，是眾所周知的事情）。不幸的是，這種代價高昂的行為受到基金管理公司的鼓勵，因為有些基金公司希望增加營業收入，打廣告時，把重點放在最近經理人精心選定績效優異的基金上，使良好的成績看起來更優異（有些基金經理人管理幾百檔不同的基金，至少可以從中選出一些有紀錄可循的贏家基金）。[5]

散戶投資人選擇基金經理人時，傾向以過去的績效為準，即使共同基金的研究報告呈現過去有九成是良好紀錄，

4　在機構法人投資組合平均年度周轉率為60％、持有六十至九十種不同部位的情況下，比較績效時，通常是跟他們的「基準指數」相比，以至於他們幾乎不能忍受「績效差勁」的期間——可想而知，投資經理人光是為了追平市場，就要承受很大的壓力，要超越眾多技巧高明的競爭者，壓力就更大了。

5　機構基金經理人經常——的確是過於頻繁的——採用欺騙手法，對客戶和潛在客戶，陳述包括費用總額在內的績效資料，而不是像所有共同基金一樣，說明扣除費用總額後的淨績效資料。美國財務分析師協會多年來一直主張改革和處理這個問題。

未來的表現事實上還是隨機的（只有一種過去紀錄具有預測價值，就是表現最差勁的紀錄或第十次的紀錄——原因顯然是因為基金費用高昂，而且長期表現不佳，一再對投資成績造成負面影響）。可悲的事實是，這促使機構與散戶一再於基金創造最好績效後買進，而在績效最差勁的日子結束後賣出，這種行為對投資人來說代價高昂。[6]

如果投資顧問業者能贏得客戶的信任和信心，所增加的長期投資報酬率，會遠超過積極型經理人希望創造的報酬率。有效的投資諮商需要時間，而且學習市場、投資和投資人的複雜特性是項艱困的工作。但是業者可以做到有效的投資諮商，並且一再做好此事。成功的投資顧問會協助每一位客戶了解投資的風險，制定務實的投資目標，對儲蓄與花費抱持明智的態度，選擇適當的資產類別，有智慧的配置資產，以及最重要的——不會對市場的高峰或低谷過度反應。投資顧問業者可以協助客戶堅持到底，維持長期觀點，方法是協助客戶，了解每一種類型的投資長期而言可以創造什麼績效，並預料市場價格波動，了解可預測卻令人不安的市場

---

6 機構投資人很可能會問：「怎麼可能？我們的投資顧問在說明會上，不是說他們推薦的經理人經常打敗基準指數嗎？難道他們的經理人在調整過風險因素後，還沒有賺到高於市場的報酬率？」對於抱持希望的人來說，很不幸，資料顯示許多投資顧問都有問題。只要消除傳統「資料」中的兩項偏誤——回溯偏誤與生存偏誤，投資顧問監督的經理人紀錄經常下修，從「優於大盤」的表象，變成「劣於大盤」的現實，連精明的大型機構都應該要知道是誰在監督看門人。

動盪，確信這一年的投資成果會報答他們的耐心與毅力。

至於第二種「作為失誤」，將使得投資專業的價值，變成由投資企業的經濟因素主導。這種情形至少可能使那些受到投資管理業吸引、才氣十足又具有高度競爭力的人，在有意無意之間，變成極為習於投資企業超高的經濟報酬，以至於不再質疑可能破壞這種情況的問題，不再質疑跟他們盡最大力量所創造真正價值有關的問題——問題是他們知道自己特別能幹，並且極為勤奮工作時，更是如此。我們看一看過去五十年來，提高投資管理業獲利能力的兩種主要方式：

- 管理資產成長了十倍，只有偶爾短暫停頓——一部分是由於市場價格，一部分是因為提高提撥費率。
- 管理費占資產的比率提高五倍以上。

這兩種狀況結合在一起的力量極為龐大，由於投資管理業務的盈利能力大幅提高，使得高技能人士的薪酬待遇增加將近十倍，並且讓企業市值極度飆高。

投資管理公司壯大後，企業型經理人逐漸取代投資專家出任高階領導階層，成為司空見慣的事情，企業紀律逐漸主導舊有的專業優先事項，也變得絲毫不足為奇。企業紀律把重點放在具有強烈企圖心、希望提高獲利的人身上，要提高獲利，最好的方法是加強「累積管理資產」——其實投資專

家都知道，擴大管理資產通常對投資績效不利（業務掛帥一定對投資專業不利）。

最後，名為「遺漏失誤」的第三種錯誤特別令人困擾：看不出自己的專業機會在於提供有效的投資建議。[7]可想而知，大多數投資人不是現代投資專家，都需要別人幫忙，如果能獲得許多投資專家的聰明思維和判斷力，所有投資人都會十分感激。投資人需要務實了解不同投資項目的長期和短期展望——首先要了解的是風險和波動性，其次要了解的是投資報酬率——這樣投資人才會知道要預期什麼，才會知道要怎麼決定自己的策略性投資組合和投資政策。

然而，還有一件事情更重要，大多數投資人在培養平衡、客觀的自我了解，以及培養對自己所處狀況的了解方面，需要專家的協助：這些事情包括他們的投資知識與技巧；他們對資產、所得與流動性中所含風險的忍受度；他們實際的時間架構；他們的財務和心理需要；他們的財力；他們的財務目標、短期債務及長期債務等。投資人必須知道他們最希望處理和解決的問題並非是要打敗大盤。有效處理這

7　投資人大規模利用投資顧問，清楚指出這種現象，投資顧問業這種次級行業會成長，目的就是要填補投資經理人留下的投資諮詢真空。很多投資顧問和投資人客戶見面時，提供的投資建議極為「雷同」，把重點放在買進和賣出哪些投資經理人操盤的基金，而且投資顧問公司員工的真正優先任務是安撫客戶，以便維持本身業務規模的情形實在太常見了。

些種種因素的組合（尤其是他們本身堅持不懈的能力），形成了投資人特有的現實狀況。

　　所有投資人都有一些相同的地方，但是大不相同的地方更多。所有投資人相同的地方在於，他們擁有很多選擇，而且可以自由選擇。他們的選擇很重要，而且希望創造優異績效、避免造成傷害。同時，所有投資人有很多不同的地方：資產、所得、支出、債務、期望、投資時間架構、投資技巧、對風險和不確定性的忍受度、市場經驗和財務責任——在差異這麼多的情況下，大多數投資人（包括散戶和投資機構）都需要別人的協助，以加深對自己投資的真正認識，了解哪種投資計畫對他們最有效，以及如何在市場最令人不安時堅持下去。

　　在美國的滑雪勝地維爾（Vail）和艾斯本（Aspen），成千上萬滑雪的人度過一段美好時光，原因之一是景色很優美，原因之二是雪量充沛，滑雪坡道都有整理過，但是主要原因是每一位滑雪的人都選擇了標示清楚，最適合自己技巧、力量和興趣的滑雪道。有些人喜歡坡度十分平緩的「初學者滑雪道」，有些人喜歡帶有低度挑戰性的中級雪坡，有些人比較厲害，希望嘗試的坡道，是連資深滑雪者都覺得困難的雪坡。當每一位滑雪的人選擇適合自己的滑雪道，用適於自己的速度在滑雪道上滑雪時，每一個人都很高興，所有的人都是贏家。

同樣的，當投資人在投資顧問的指導下，採用的投資計畫相適於投資人的投資技巧、經驗、財務狀況，以及個人對風險與不確定性的忍受度，那麼大多數投資人都能利用自己的投資技巧和資源來配合這些計畫，定期達成自己務實的長期目標。這正是投資顧問的重要工作——為每個獨特投資人制定合適的投資計畫，是一位成功投資顧問的真正祕訣。

Chapter 3

為什麼你不可能打敗大盤？

能夠打敗大盤的投資人寥寥可數，
並不是他們的技巧不足或不夠努力，原因正好相反……

　　經過市場風險的調整之後，積極型投資經理人打敗大盤
的唯一方法，是發現和利用其他積極型投資人的錯誤（請注
意：在瞬息萬變的市場中，價格是由最有信心的人所設定，
他們比目前的共識懂得更多，而且願意投入大量資金來支持
自己的判斷）。

　　理論上，投資人當然可能打敗大盤，而且很多投資人偶
爾也打敗過大盤。然而，能夠打敗其他專業投資人的人非常
少見，能夠創造這種成就的次數經常不夠頻繁，不足以長期
持續一貫的打敗大盤，尤其是在付出「參與遊戲」的所有成
本後，更是如此。諷刺的是，能夠打敗大盤的投資人寥寥可
數，原因不是這些人的技巧不足，也不是不夠努力，而是因

為市場受到其他投資專家主導，這些專家都極為能幹，消息極為靈通，而且隨時隨地都在工作。

理論上，積極型投資經理人想追求成功，可以從下列四種投資方法擇一或組合運用：

- 波段操作。
- 選擇特定股票或類股。
- 及時改變資產配置或投資策略。
- 發展和實施高人一等的長期投資觀念或哲學。

即使是最不常觀察市場和股票的人，看到只是「勝過」平均績效的眾多誘人機會，都會怦然心動。大盤、主流類股和個股股價走勢圖的變化，會造成一種假象：「明白」顯示積極型投資人一定能夠創造更優異的表現。畢竟我們親眼看過在運動、戲劇、法律和醫藥等眾多領域中，真正的明星持續創造比一般人優異的成績，因此，為什麼投資領域不能如此呢？為什麼大多數的投資經理人無法持續一貫的勝過大盤指數？為什麼打敗大盤如此困難？接下來，我們要好好研究一下。

要提高潛在的報酬率，最大膽的方法是透過波段操作（第一種理論做法）。典型的「波段操作專家」會在市場中頻繁進出、追漲殺跌，以便在行情上升時，完全投資股市，在

價格嚴重下跌時，大舉退出市場。另一種波段操作的方式是，掌握類股輪動的機會：賣出預期表現會不如大盤的類股，投入預期會勝過大盤的類股。

但是請記住：每次當你決定進入或退出股市時，跟你交易的投資人都是專家，專家當然不見得總是正確，但是你到底多有信心，認定自己經常比大多數專家更正確？此外，波段操作的每一筆交易都會產生交易成本，除非你管理的是避稅退休帳戶，否則你每一次的獲利，都必須繳稅。事實一再證明：波段操作的好處都是幻象，成本卻很實際，而且會持續不斷的累積。

投資歷史明確告訴我們：市場回升最初幾週內所創造的漲幅，占最終全部漲勢的一大部分。但是波段操作專家在重要的市場底部，卻最可能退出市場，進而錯過了最大比率的回升漲幅。

波段操作之所以行不通，是因為現今競爭激烈的市場，在重複的基礎上，沒有哪個經理人會比專業競爭對手更精明、更有見識，或是擁有更多、更好的消息。此外，許多股票市場的上漲期非常短暫，發生在投資人最可能受到傳統共識束縛時。

波段操作專家投資債券時，希望在利率下跌拉抬長期債券價格前，轉進到期日比較長的債券；在利率上升打壓長債價格時，轉進到期日比較短的債券。在平衡型投資組合中，

波段操作專家在股票創造的總報酬率高於債券時，會提高股票投資的比率，然後在債券創造的總報酬率高於股票時，轉回債券，之後在短期投資標的創造的總報酬率高於債券或股票時，會投入短期投資標的。不幸的是，這種行動一般行不通，因為賣方跟買方都一樣聰明，雙方在同一時間知道同樣的事實，愈是頻繁嘗試波段操作，失敗的可能性愈高。

某位專業人士的誠懇告白，或許最能說出波段操作的困難，他說：「我看過很多有意思的波段操作方法，而且我在四十年的投資生涯中，試過其中大部分的方法，這些方法之前可能非常奏效，但是，沒有一個方法能夠幫得上我的忙，一個都沒有！」

就像有「老」的飛行員，也有「大膽」的飛行員，卻沒有老又大膽的飛行員一樣，「沒有」靠波段操作一再成功的投資人。一般說來，無論投資人退出或留在市場裡，市場的表現都一樣好，因此，投資人如果有一部分時間退出市場，和簡單的「買進長抱」策略相比，一定會虧錢。聰明的投資人甚至不會考慮「低買高賣」來猜透或勝過市場。

圖3-1顯示，將三十六年近一萬個交易日紀錄，去掉市場表現最好的交易日後，長期複合報酬率會有什麼變化。只拿掉表現最好的十個交易日——占這麼長評估期間不到0.1％的比率，平均投資報酬率就會降低19％（從11.4％降為9.2％）。拿掉次佳的二十天後，投資報酬率會再降低17％；

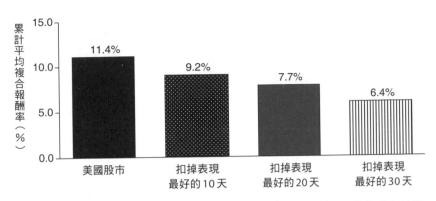

圖 3-1 少了特定交易日對收益的影響

累計平均複合報酬率（％）

- 美國股市：11.4%
- 扣掉表現最好的 10 天：9.2%
- 扣掉表現最好的 20 天：7.7%
- 扣掉表現最好的 30 天：6.4%

資料來源：劍橋協會（Courtesy of Cambridge Associates），涵蓋期間為 1980
年 1 月 1 日至 2016 年 4 月 30 日

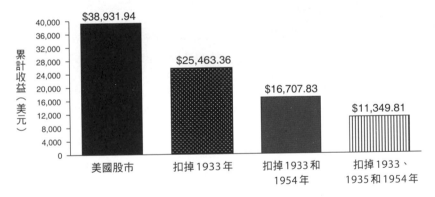

圖 3-2 少了特定年分對收益的影響

累計收益（美元）

- 美國股市：$38,931.94
- 扣掉 1933 年：$25,463.36
- 扣掉 1933 和 1954 年：$16,707.83
- 扣掉 1933、1935 和 1954 年：$11,349.81

資料來源：劍橋協會（Courtesy of Cambridge Associates），涵蓋期間為 1980
年 1 月 1 日至 2016 年 4 月 30 日

至於圖3-2則顯示，拿掉表現最好的年分之後，你投資的報酬會有多大的差異。

用標準普爾500指數的平均報酬率做為衡量依據，就可以得出：過去二十年內，股票的所有總報酬率都是在表現最好的三十五天內創造的——不到二十年間五千個交易日的1％（想像一下，要是我們能夠知道是哪些日子，經典傑作《白日夢冒險王》（*Secret Life of Walter Mitty*）中主角華特‧米提的獲利應該會有多高！唉，可惜我們永遠不會知道是哪些日子）。我們所知道的事情簡單而有價值，也就是如果你錯過了輝煌之至卻稀少的最好日子，就錯過這二十年「所有的」總報酬率。

在七十二年漫長的投資歲月中，只要扣掉其中最好的五個交易日沒有投資在內，也沒有把股息再投資賺到的利得計算在內，累積複合報酬率應該就會減少將近50％（對於願意接受誘惑的人來說，有一點很有誘惑力，就是避開九十個跌幅最大的交易日，十年期間應該會獲利42.78美元）。[1]如果投資人錯過了過去一百一十二年（四萬九千九百九十天）中的

1　夏季來臨時，華爾街上會出現很多跟「夏季漲勢」有關的報導，秋季來臨前，會有人感嘆十月是股票表現最差勁的月分（根據統計，九月才是最差勁的月分），新的一年開始時，大家會慶祝並非總是會來臨的「元月效應」。馬克吐溫對市的評論可能最中肯：「十月是股票投機特別危險的月分，其他特別危險的月份包括七月、元月、九月、四月、十一月、五月、三月、六月、十二月、八月和二月。」

十個漲幅最大交易日，就錯失了總報酬率中的三分之二。[2]

　　長期而言，投資人傷害自己的方法中，有一種方法是在市況很差時，嚇得退出市場，結果在市場反轉時，錯過了十分重要的「漲幅最大」交易日。教訓很清楚：閃電打下來時，你必須在場。這就是波段操作確實是邪惡觀念的原因，別去嘗試——千萬不要嘗試！

　　要提高投資報酬率，「第二種理論做法」是戰術性挑選股票，也就是「選股」。專業投資人耗費極多的技巧、時間和精力在這上面，全世界的投資機構和證券經紀商研究部門的研究活動，主要都是花在股票評估上。

　　專業投資人會分析企業財務，實地研究一間公司的競爭者與供應商，拜訪經營階層，設法超越市場的共同看法，更深入了解一檔股票或一種類股的投資價值。如果投資經理人發現一檔股票的市價，和自己評估的價值差異相當大時，可以買進或賣出，努力替客戶的投資組合，賺取市價和真正投資價值之間的差價。至少在公平揭露規則與資訊商品化之前，這種在價格發現上領先競爭對手的嘗試，以及其他所有變化，使得大盤很難被擊敗。

　　不幸的是，整體而言，股票分析並不是能夠賺錢的活

2　傑森‧茲威格（Jason Zweig）根據傑威爾‧艾斯特拉達（Javier Estrada）的研究報告，在《華爾街日報》上報導這件事。

動。股票投資經理人做過基本面研究後賣掉和沒有買進的股票，一般來說相對於整體市場，跟他們買進的股票表現一樣好。因為機構投資人的規模極大、消息極為靈通且極為積極主動，因此他們就是集體決定價格的人，這就是為什麼想要打敗大盤，唯一方法是打敗專家的原因——整體而言，專家本身就是市場。

問題「不在於」投資研究做得不好，而是太多人把研究做得實在太好了，大證券經紀商的研究分析師透過全球網路，幾乎可以在片刻之間，把自己的資訊和評估，分享給成千上萬的專業投資人。專業投資人會在預期別人將迅速行動的心理下，設法全力快速行動，以至於很難在選股或價格發現方面勝過所有其他投資人，一再取得和維持有用的優勢。學者說，專業人士互相買賣時，會使市場定價機制變得「有效能」。

至於「第三種理論做法」是採取戰略決策，嘗試提高股票和債券投資組合的報酬率，包括做出改變資產配置的重大承諾。這種方法目的在於利用預測主流類股、經濟與利率變化的遠見，或是預期「新興成長」股或「價值」股之類主要類股評價變動的先知先覺能力。

這種投資方法充滿了有趣的潛力，意思是要將投資組合在對的時間移到對的位置上，但是這種投資方法要求投資人在市場變動時，找出新穎的「優勢」或投資方法，去精通每

一種新方法。等到其他投資人認可先前的見解（這觀點也許是某一種誤解，或是「在價格上」被專業人士一致接受），再放棄這種新方法，改採更新的新方法。理論上，這種做法當然可行，但是真的可行嗎？沒錯，這種方法偶爾可行，但是哪些經理人可以做到這一點呢？能夠多常做到呢？長期紀錄無法讓人覺得歡欣鼓舞。散戶事先重押哪些經理人會創造優異成果的紀錄，更是讓人徹頭徹尾的失望。

例如1990年代末期，重押科技股的投資人大獲全勝，直到2000年出現市場的劇烈修正為止（市場所賜予的東西，市場也會收回去）。接著，二十一世紀的最初幾年，金融股表現優異，直到2008至2009年金融股造成市場崩盤為止。

1970年代初期，著名的「二級」市場持續發展之際（成長股的本益比遠超過產業股，市場因而分成兩個層級——投資經理人大舉投資號稱「五十種飛躍成長股」〔Nifty 50〕的大型成長股），創造了極為優異的績效。但是到了1970年代晚期，同樣持有這種股票，創造的成果卻極為差勁：因為預期的盈餘沒有實現，投資人對「永遠緊抱概念」的希望破滅，拋售持股。1980年代與2016年的石油類股、1990年代的大型製藥股、二十一世紀初的商品類股，也出現了類似的情況。市場到了高峰時，人們總是自信的宣稱：「這次不一樣！」漲、再漲、還漲之後崩跌的現象，已經重複出現過很多次。

個別投資組合經理人或整個投資管理機構要提高報酬率，還有「第四種理論做法」，那就是發展出深遠、正確的洞察能力，看出有什麼力量會推動股市的特定類股或特定公司及產業，再有系統的利用這種投資遠見或觀念，熬過一次又一次的經濟與股市循環。

　　例如堅持成長股投資的公司，要注重新科技的評估，了解領導快速成長的業務需要什麼管理技巧，還要分析需要投資多少財力，才能在新市場與新產品上維持成長。這種投資機構會努力從經驗中（偶爾會從痛苦的經驗中）學習如何分辨後來會不了了之的成長股，以及會長期創造一系列成就的真正成長公司。

　　有些基金經理人認為，在許多成熟的大企業和經常受到景氣循環影響的產業中，總是有一些公司的投資價值，遠超過大多數投資人所能了解的程度。這種投資機構會努力培養專業技能，去蕪存菁，避免確實應該屬於低價圈的垃圾股。這些經理人相信，經過精明的研究後，他們可以區分優秀的長期價值，藉著以偏低價格購買具有優異價值投資標的的方法，冒著相當低的風險，為客戶創造優異的報酬率。

　　信奉一種投資概念或哲學的重要考驗，是經理人有沒有能力基於健全的長期原因，堅持到底，即使短期成果令人不快，也堅持不懈。主要概念或哲學投資方法的重大優勢，是投資公司可以自行安排組織架構，始終只從事自己獨門的投

資種類，避免雜音和其他選擇的干擾，吸引有興趣和專精這種投資型態的分析師和經理人，並且——經由持續的實作、自我批評和研究——精通這種投資方法。但這種做法最大的缺點是，如果選定的投資方法過時、價格高估或跟不斷變動的市場脫節，獨沽一味的專業機構，不可能同時為客戶和自己看出改變的需要，等到發現錯誤時早已為時已晚。

此外，已經被人發現，又能夠延續很久的投資觀念或哲學少之又少。很可能是因為如果有人發現、並保持一種獨特的長期競爭優勢，市場就不再是自由資本市場了。世界上最好的市場就是充滿各種投資想法的市場，而想法會非常快的到處傳播。

所有積極型投資都有一個基本特性：利用對手的錯誤。積極型投資人找到獲利機會的唯一方法，就是不論其他專業投資人是犯了疏忽之過，還是真正犯錯，總之他們的共識都錯了。雖然這種集體錯誤的確會出現，但是我們必須自問，這種錯誤出現的頻率如何，特定經理人多常同時避免犯類似的錯誤，卻又有智慧、技巧和勇氣，能夠採取跟共識相反的行動。要提高終身投資的成就，方法之一是「減少錯誤」（你可以問任何高爾夫球員、網球員或駕駛教練，減少錯誤帶來的好處可能有多大）。

有這麼多競爭者同時追求高人一等的洞察能力，深入了解個股或類股價值和價格之間的關係。同時，投資圈內有許

多資訊如此廣泛而快速的流通，發現和利用個股或類股可以獲利的見解，也就是發現其他投資人因為疏失和不注意而留下來的機會，希望的確不大。

很多投資人犯了過度努力的錯誤，努力從自己的投資中，得到比投資所能產生利益還多的好處──方法通常是藉著大量借錢融資，提高槓桿比率，因而招來嚴重的後果。很多時候，太過努力最後的代價都很高昂，因為會承受過高的風險。

而投資人犯的相反錯誤，則是努力不夠，其方式通常是太具有防衛性，而讓短期焦慮主導長期思考和長期行為。長期而言，股票投資組合中，即使維持少少的現金準備，成本都會很高昂。

有這麼多顯然可以勝過大盤的「機會」，要沒有經驗的投資人接受長期很難勝過大盤的現實，這可能很難。連最優秀的投資經理人也會覺得奇怪，怎麼可能期待勤奮而執著的競爭對手，會犯無能、疏忽的錯誤，而讓自己找到吸引力十足的機會定期買賣，靠著反覆擊敗對手來打敗市場。

即使意識到市場時機不對，外部觀察者經常對股票的重大波動感到疑惑。如果市場真是如此高效，為什麼會有這麼大的漲跌呢？當然，真正的價值不會上升或下降這麼多，在任何情況下都不會變化得如此快！

當然不會。但是人們對「未來價值」的認知，總是預期

的估計值（其他投資人估計其他投資人的估計，以及其他投資人對此估計的估計）。而投資人預期估計的最佳變化指標，就是價格的變化。市場的定價機制既不穩定又不一致，就像解釋「蝴蝶效應」的寓言——蝴蝶振翅會改變天氣並引發暴風雨，市場行為很可能「不合理」。為什麼？因為勤奮且理性的人們（預備好對別人看法的變化迅速做出反應）嘗試預測一個會回應各種新資訊（或錯誤資訊）的市場。這就是為什麼經濟學家嘲笑股市預言了過去三次經濟衰退中的九次！但如果股票定價中的所有「噪音」都不合理，到現在難道沒人思考過，如何從那些集體錯誤中獲利嗎？

我們不妨透過類比去看清現實，請想像以下經歷：你前往一個有許多開放式攤位的古董市集，當您抵達現場，希望為自己的家找一些可愛的東西時，你將面對以下四種情況之一。

第一個情況，您有兩個小時單獨查看商品並進行選擇。

第二個情況，您將與另外二十多位做為「特別嘉賓」的專家購物者一起購物，時間一樣是兩個小時。

第三個情況，在二十多位經驗豐富的特別嘉賓花兩個小時選購後不久，您將與另外一千名其他持票人一起進行為期兩天的購物。

最後一個情況，在展覽會的第三天，您是五萬名購物者的其中一員。在最後一種情況下，你可能會發現一些你認為

價格合理的物品，但你也很清楚自己不會發掘到任何「價格低廉」的古董。

現在讓我們為這個情境做點更改：所有購物者不僅是買家，同時也是賣家，每個人都帶來在其他市集購買並希望出售的古董，並且都想方設法提升自己的收藏。此外，大家都知道所有交易（包括過去全部交易）的價格，所有參與者都曾在同一所名校研究古董，而且都可以從知名博物館拿到同一位策展人的報告。

這個簡單的練習提醒了我們，開放市場中有許多專家和知識淵博的參與者，能充分發揮其主要功能——價格發現。問題不在於積極型投資經理人的技術不好，而是他們多年來集體變得愈來愈熟練，並且大量進入市場。純粹主義者可能會聲稱，全球主要股市都不完美，無法隨時隨地使價格與價值相稱，大多數股票的價格都太接近其價值了——或者說會迅速漲跌到其價值，以致任何投資人都無法定期從他人的錯誤中，獲得足以承擔費用和成本的利潤。

因此，儘管市場效率不是很高，但已不值得我們花費實際成本去打敗它。這就是為何愈來愈多的投資人開始同意，如果你不能擊敗市場，則可以透過指數化投資加入市場，特別是出於四大原因：第一，在過去五十年中，股市發生了巨大變化；第二，指數化投資優於積極型投資；第三，指數型基金的成本較低；第四，進行指數化投資，投資人能夠將時

間和精力，集中在對長期投資成功至關重要的決策上。

在電影《金甲部隊》（*Full Metal Jacket*）[3]中，兩位教育班長看著他們教出來的基本教練連隊，排成密集隊形以小跑步進入結業典禮會場，一面答數：「空降特戰，奮勇爭先！」一位教育班長說：「某班長，你看著這些小夥子時，想到什麼？」另一位班長習慣性的清清喉嚨後回答：「我想到什麼嗎？我要告訴你，大約十分之一是確確實實的好戰士！」他頓了一下才說：「其他的全都只是……槍靶子！」這只是戰爭電影中的一個場景，卻具有現實生活中的意義，值得每一位投資散戶深思。

你可以用下列方式從中得到啟發。假設你技巧極為高超、消息極為靈通，以至於你實際上屬於所有散戶中最高明的前20％散戶。太好了！值得大家向你敬禮。不過接著你要注意：即使你比一般其他散戶要高明許多，在目前由交易專業人士（與你我一生的交易量相比，他們每天進行許多交易，每年完成數以百萬計技術高超的交易）主導的市場上，你所做的交易幾乎一定會低於一般水準，統計數字已經說明了這一點。

認清現實的第一步，是承認要在市場上獲得成功，關鍵

3　一部描述美國海軍陸戰隊與越戰的戰爭片，於1987年上映，為影史上最出色的戰爭電影之一。

不是你和其他散戶投資技巧和知識的高下，而是你在每一筆特定投資交易中，所運用的技巧和知識如何。

如果90％的專家交易技巧與知識勝過你——可悲的是，這種情形相當可能，一般而言，你的交易一定會深埋在所有交易最差勁的25％當中。

加州大學柏克萊分校財務學教授歐丁（Terrance Odean）在寫作〈為什麼投資人交易過度？〉這篇論文時，研究了某大平價經紀商超過十五年、將近十萬筆散戶的股票交易。他發現一般而言，這些投資人買進的股票，在隨後的一年裡，表現比大盤差了2.7％；他們賣出的股票在隨後的一年裡，表現比大盤高0.5％。

同樣的，布魯金斯研究所經濟學家賴康尼修（Josef Lakonishok）、許來佛（Andrei Shleifer）、衛希尼（Robert Vishny）所發表的一篇論文顯示：專業基金經理人所做的股票交易，和保持投資組合原封不動相比，會使應得的投資報酬率減少0.78％。

最後，研究專業投資經理交易成本的普萊瑟斯顧問公司（Plexus Group），在研究十九家投資公司超過八萬筆的交易後，發現買進股票時，通常會造成一檔基金的短期報酬率提高0.67％，而賣出股票通常會讓報酬率減少1.8％。

拉斯維加斯、澳門和摩納哥每天都很忙碌，因此我們知道並非每個人都完全理性。如果你像《白日夢冒險王》中的

華特‧米提一樣，仍然幻想自己可以擊敗專家，而且一定會擊敗專家，那麼你需要好運，也需要我們的禱告。

同時，有經驗的投資人對以下有力、跟投資相關的四大真理相當了解，聰明的投資人將會遵守它們，管理自己的投資：

1. 投資主導的現實狀況是：最重要的投資決定，是你所選擇的長期資產配置比率，也就是決定要投資多少資產在股票、不動產、債券或現金中。

2. 資產配置比率的決定因素之一，是你賺錢的實際目的，部分取決於何時要使用這筆錢，部分取決於你堅持到底的能力

3. 分散投資在不同的資產類別中。因為禍事一定會發生──通常會讓你驚慌失色。

4. 要有耐心和恆心。好事會突然降臨──通常在你最絕望的時候降臨，浮躁的投資人會一無所獲。很多著名的教練都說：「計劃好打法，然後照表操練。」而這會讓你回頭思考第一點。

有趣的是，大多數投資人表示自己努力創造更好的績效，實際卻違背上述四大真理，對自己和自己的投資組合造成傷害。他們沒有將時間與精力用在確認資產類別的最佳平

衡；他們將錢花在不合時宜的投資組合結構上；他們的分散投資程度太低，因此承擔的風險比想像中的多，等到風險化為現實，早已來不及反應；而且他們缺乏長期的耐心與毅力，無法堅持到底。

此外，他們支付更高的管理費與換股成本，而且繳納更多的稅負。他們花很多時間和精力累積「虧損漏洞」，要是他們之前能花時間和精神，了解自己的現實投資狀況，擬定最可能達成自己務實目標的合理長期計畫，並且堅持到底，他們創造的投資成果就不會這樣流失。

務實看待投資已變得愈來愈重要，市場正逐漸由行動迅速、消息靈通、擁有重大優勢的大型專業投資機構主導。過去二十年內，超過80％的專家都遭到大盤擊敗（如果我們所見的公布紀錄準確而完整的話），對於散戶而言，嚴峻的現實肯定更為悲慘。

Chapter 4

市場先生和價值先生

投資最困難的部分，不是要你判斷最適當的策略，
而是要你維持一個長期的觀點。

　　從短期來看，股市很迷人，也很會騙人；但從長期來看，
股市幾乎總是可靠且可測的。其可靠和容易的程度，已經到
了令人覺得無聊的地步。要真正了解股票市場，首先要了解
兩位截然不同人物的特性——「市場先生」和「價值先生」。

　　所有的人都會注意市場先生，因為市場先生極為有趣，
可憐的價值老先生雖然負責極為重要的工作，卻幾乎完全沒
有投資人理會他。這種情形並不公平，價值先生負責所有的
工作，市場先生卻享受所有的樂趣、製造所有的問題。

　　市場先生是葛拉漢（Benjamin Graham）在其經典傑作
《智慧型股票投資人》中介紹的虛擬人物，市場先生的情緒
不穩定，偶爾會胡亂發揮自己的熱情或恐懼，有時候會覺得

幸福快樂，只看到影響企業的有利因素；有時候會覺得情緒極為低落，只能看到未來問題重重。市場先生是配合度最高的人，日復一日都做好準備，在我們希望賣出時買進，在我們希望買進時賣出。市場先生極度不可靠，而且相當難預測，會一再努力促使我們採取行動，對他來說，活動愈熱絡愈好。他為了刺激我們採取行動，會不斷地改變價格──有時甚至會用相當快的速度改變。

市場先生喜愛惡作劇，經常用奇招妙法戲弄投資人，例如出人意表的盈餘、令人震撼的配息聲明、突然飆升的通貨膨脹、總統振奮人心的宣告、悲觀的商品價格新聞、醜陋的破產案、奇妙新科技的精采啟示，甚至還包括嚴肅的戰爭威脅。市場先生會在大家最意料不到的時候，從他的百寶箱中掏出這些事件。

就像魔術師用巧妙手法分散我們的注意力一樣，市場先生短期的障眼法可能騙過我們，擾亂我們的投資思路。為什麼會這樣呢？因為他不需要承擔任何責任，做為一個「經濟舞男」，他的目的只有一個：吸引注意力。

同時，價值先生是神經遲鈍、行事穩重的人，從來沒有展現任何情感，也很少刺激別人的情感。他住在冷酷、嚴峻、真實的世界，日以繼夜地忙於發明、製造和流通產品與服務。他的工作就是日復一日在工廠廠房、倉庫和零售商店裡，產出商品與服務，推動經濟體中的實際工作。他的角色

可能不會刺激別人的情感，但的確很重要。

　　長期而言，價值先生總會取得最後勝利，市場先生的花招終究會像海灘上的沙堡一樣，化為烏有。在真實的企業世界裡，產品與服務的生產、流通方式大致相同，數量也大致相同，不論市場先生的情緒是興奮或沮喪，情形都一樣。投資人必須避免因為市場先生而動搖或分心，背離自己創造長期有利績效的投資策略（同理，明智的青少年父母，會避免過多聽進──或記住──孩子因為壓力脫口而出的言語）。

　　天氣和氣候的定義不同。天氣是短期的現象，而氣候是長期的現象，這至關重要。選擇在某種氣候中蓋自己的房屋時，我們不會因為上週的天氣而覺得困擾。同樣的，選擇長期投資計畫時，我們不希望受到暫時性的市場狀況困擾。

　　投資人應該不去理會淘氣的市場先生，也不該理會市場先生持續不斷的到處跳動。對長期投資人來說，市場每天的變化並不重要，就像每天的天氣對氣象學家，或是對決定要蓋永久住宅的家庭一樣不重要。明智的投資人必須不理會市場先生的騙人花招，幾乎或完全不注意當前的價格變化。他們關注的是自己投資的真實企業，尤其是這些企業不斷成長的盈餘與股息，他們會專心注意長期的真正成果。

　　因為市場先生總是利用令人驚異的短期事件，吸引我們的注意、激發我們的情緒、欺騙我們，所以有經驗的投資人會研究股市的長期歷史，藉此了解真正重要的是什麼。同樣

的，航空公司駕駛員會在飛行模擬器中花很多時間，「飛越」電腦模擬的風暴和其他罕見的危機，以便習慣各式各樣的緊急狀況並做好準備，等到真正在現實生活中面對這些狀況時，就能保持鎮定與理性。投資人對市場歷史的研究愈深入愈好；愈了解股票市場過去的行為，就愈能了解市場真正的本質，進而參透市場未來的走勢。

有這種了解後，我們就可以跟看來完全不理性的市場共存。至少我們應該不會輕易受市場先生反覆無常的花招和詭計影響，背離我們的長期思維。了解歷史和歷史的教訓，可以保護我們免於大吃一驚。就像剛拿到駕照的駕駛人，總是覺得一切本來可以預見的事故發生得莫名其妙——「那傢伙不知道是哪裡冒出來的」——而大吃一驚一樣。投資人也可能因為「異常事件」造成的不利績效，感到大吃一驚，實際上，這些事件雖然令人吃驚，卻全都符合市場經驗正常的常態分配。對於認真研究市場的人來說，這些情況不是真正令人驚訝的事件——大部分情況其實都符合精算上的期望，長期投資人不應該過度反應。

飛行員的情形也是一樣。湯姆‧伍爾夫（Tom Wolfe）在其小說《太空英雄》（*The Right Stuff*）中，講述技巧高超的飛行員碰到一些「異常事件」，導致「難以理解」的意外事故發生。年輕飛行員從未意識到，這些異常事件是致力達成優異表現過程中必須面對的風險，他們因此努力脫離舒適

圈，到達其他飛行員不曾去過的邊境。

如果大多數專業投資經理人能夠消除一些「令人失望」的投資，或是消除市場中一些「艱困」的期間，應該會創造優異的績效——穩穩高於大盤指數的績效。然而，現實生活很嚴峻，大多數的投資經理人和新手駕駛人，幾乎一定都會經歷異常事件。在投資領域中，罕見或意料之外的事情發生時，就會出現這種異常事件——可想而知，投資經理人認為這種事件相當出人意表，而且幾乎可以確定絕對不會以完全相同的方式發生——卻在突然之間，抹煞了原本應該很優異的投資績效。

而長期投資無法避免的事情，就是會回歸平均值，這就是為什麼罕見的高股價——雖然你可能很喜歡——實際上對你卻不好的原因。最後，你所得到高於長期核心趨勢的額外報酬率，都必須吐回去。

投資不是娛樂，而是一種嚴肅的責任；投資不是遊戲，理當很無趣。投資是持續不斷的過程，像煉製石油、烘焙餅乾、製造化學品或積體電路一樣，如果製程有什麼「有趣」的地方，這種地方幾乎一定都不對，這就是為什麼對大多數投資人來說，「善意忽視」是長期成功的祕訣。

股市最大的挑戰不是市場先生，也不是價值先生，我們既看不見，也無法衡量，因為它藏在每一個投資人的情緒失能中。投資像教導青少年一樣，會從鎮定、耐心、堅持不懈、

抱持長期觀點和不變的目的中得到好處。投資最大的風險，幾乎都出自於投資人的短期行為。這就是為什麼「認識自己」是所有投資人必須知道的基本規則。

理性不是投資中最難的部分，感性才是。在顯然不理性、過度活躍去「預測別人的預期」的短期環境中，要保持理性並不容易，市場先生設法引誘你改變時尤其如此。這就是為何投資最難的部分，不是判斷最適當的投資策略，而是維持長期觀點——在市場高峰或谷底時尤其如此，以及堅持你最適當的投資策略。

Chapter 5

如何投資一個夢幻團隊？

若考量到擊敗大盤必須付出的時間、成本和努力，
投資「指數型基金」的確能讓你事半功倍！

　　任何投資組合的長期總報酬率，絕大部分都來自最簡
單、目前為止最容易執行的投資決定──投資指數型基金。
如果你像大多數投資人一樣，直覺告訴你：「哦，不行！我
不想安於平凡，我希望打敗大盤！」其他人可能暗自心想：
「唉，又是一位做白日夢的人，幻想自己能夠打敗專家。」
不過，就讓我們提供你所需要的協助：你的投資夢幻團隊。

　　如果你可以指定任何人──指定每個你曾希望每日全天
候跟他一起共同投資的人，你的投資夢幻團隊中，會納入哪
些投資大師？

　　華倫・巴菲特嗎？沒問題，他和他的夥伴查理・蒙格現
在都在你的團隊中。要找大衛・史文生？傑克・邁耶？珍・

門迪洛？塞思‧亞歷山德？他們現在都是你的隊員了。還有富達集團所有分析師與基金經理人、資本集團公司的所有專家也都是你的隊友。想找喬治‧索羅斯、大衛‧安宏、史蒂芬‧曼德爾，還有艾比‧柯恩？沒問題，他們現在也站在你這邊，還有美國所有最高明的避險基金經理人也一樣。

不要就此打住，你也可以把華爾街所有最高明的分析師、美林的兩百五十位最好的分析師、高盛和摩根士丹利的兩百五十位分析師一起納進來，加上瑞士信貸、瑞士銀行和德意志銀行的所有分析師精英，以及專攻科技股或新興市場的所有「專業」券商分析師，都納入你的夢幻團隊。你可以把全球所有最高明的投資組合經理人，還有為他們服務的所有分析師，也都納入你的夢幻團隊。

事實上，你可以讓所有最高明的專家全天候為你工作，只要同意毫不質疑接受他們最高明的想法（每次我們搭飛機時，大部分人都在做同樣的事情：我們知道駕駛員受過高度訓練、富有經驗，而且一心一意追求安全，因此我們輕鬆地坐在位置上，把飛行交給專家）。你所要做的只是投資指數型基金，就可以得到所有這些頂尖專家的整體專業技能——因為指數型基金複製大盤，而現今的大盤是由這些勤奮的專家主導，反映他們任何時候對價格做出最佳判斷背後的專業技能。他們知道的愈多，就會愈快更新他們的判斷，這也表示，你只要投資指數基金，就總是可以擁有最新的專家共

識。實際上，股市是世界上最大的「預測市場」，很多獨立專家不僅做出最好的預測，還把真正的資金與專業聲譽投入他們不同的估算中。

投資指數型基金，不但可以得到這個投資夢幻團隊為你服務的優點，也可以自動得到其他重要好處。「安心」是其中一種好處，大部分散戶都必須承受對自己過去所犯錯誤的懊惱，還要擔心將來可能再度發生令人遺憾的悲慘狀況，指數型基金把這兩種煩惱都消除了。對於跟隨投資夢幻團隊和指數化的人來說，還有其他幾個更有力的競爭優勢，包括比較低的管理費、比較低的稅負和比較低的「操作」費用。這些積極型投資揮之不去的成本，會持續不斷的累積，像白蟻破壞房子一樣，大大傷害投資組合。藉著投資指數型基金避開這些傷害，會讓你變成贏家——長期來說，甚至打敗超過80％的所有其他投資人。

接受專家共識的做法並非總是受歡迎，不過大家逐漸欣賞這種方法，有經驗的投資人尤其如此。貶損這種做法的說法有「只是甘於平凡」、「這不是美國人的風格」等，其中一個最糟糕的貶義詞相當有名：被動。例如：「我的丈夫很被動。」「我會把總統票投給某某，因為她很被動。」

「大盤投資組合」或指數型基金，在積極型投資經理人圈中極度不受歡迎，在很多抱著崇高希望的投資人當中也一樣。實際上，這種基金是在投資夢幻團隊每天努力創造的成

果。指數型基金投資法很少得到它應得的尊敬，但是久而久之，這種投資方法創造的成果一定會勝過大多數共同基金，而且一定會遠遠勝過大多數散戶。

考量到試圖擊敗大盤必須付出的時間、成本和努力，投資指數型基金的確事半功倍。操作這種苦幹實幹型、呆呆板板的投資組合，似乎可能完全不需要用到頭腦，但事實上，指數型基金是以大量對市場和投資的研究為基礎，很值得深入探討，也很容易摘要出以下的說明。

股票市場是自由競爭的開放市場，眾多消息靈通、對價格敏感的專業投資人充斥其中，持續以買方和賣方的身分，巧妙進行激烈的競爭。非專家可以輕易得到專家的服務，價格廣泛而迅速的報出，有效禁止市場炒作的機制已經建立。套利者、交易員、避險基金、私募基金、市場技術專家、公司收購和以研究為基礎的長期投資人，都持續不斷設法從市場任何不完美的性質中，尋找和運用獲利的契機。因為和你競爭的投資人，都是消息靈通的買方和賣方，因此任何投資經理人不可能靠著基本面研究，長期為大型的多元化投資組合提高獲利，因為有太多同樣努力的專家，也會利用他們所能得到的最好研究，評估是否買賣和何時買賣。

大家把這種市場視為「效率」市場。效率市場並不完美，但其效率足以使聰明的投資人承認：不能期望自己可以經常利用這種效率不足。技巧高明的競爭者愈多，任何人持續創

造優異成果的可能性愈低（重要的是，眾多受過良好教育、十分積極主動的人投入全球專業投資領域的情形，已經變成普及現象）。在效率市場中，價格變化會遵循一般所說的「隨機漫步」型態，意思是連密切注意大盤走勢的人，也不能在股票價格中，找到可以預測未來價格變化的型態，據以獲利。

　　在完全高效率的市場中，價格不但反映過去一系列價格中推斷出來的任何資訊，還包含上市公司所有可以得知的事情（雖然有一些證據證明，盈餘季報不會立刻完全反映在股價中，但是其中能利用的明顯機會，會受到程度與持續時間的限制，因此大型投資組合的經理人，無論如何都無法有效利用這種資訊）。

　　有效率的市場不表示股票總是以「正確的」價格成交。每個人都知道，市場會起伏震盪，就像1987年10月或2008年10月、11月，市場在網路公司榮景和次貸市場之類的集體錯誤助長下，「震盪」可能相當劇烈。請注意：投資人對整體市場的集體判斷可能錯得離譜——可能過度樂觀或過度悲觀，這種情形晚一點會在整體市場的修正中表現出來，卻仍然具有高度效率，能夠把和個股有關的現有基本面資訊，納入相對的市場價格中。

　　因此，智慧的開端是知道能夠長期打敗大盤的大型投資機構很少，而且事前要評估哪些經理人會打敗大盤非常困難。下一步是決定（即使你可能贏得這場遊戲）這種輸家遊

戲是否值得玩下去，尤其指數型基金讓投資經理人和客戶有一個輕鬆的選擇，不必玩更複雜的股票投資遊戲（改變投資組合、選股等），除非他們真的想玩。隨時投資指數型基金的自由是相當完美的選擇自由，因為即使是最厲害的投資人，也不可能一貫擁有優異的知識與技術。同時，在這激烈的高手之爭裡，極少有人能在知識上持續占有優勢。

投資指數型基金，可以讓所有投資人幾乎不費吹灰之力，始終保持跟大盤同步，可以讓我們進行「積極型投資」，在任何時候，選擇整個廣大投資領域中的任何部分，從事精心規劃的投資行動，行動時間的長短完全隨心所欲──但只在我們選定的時間與市場參與。這種「不參與的自由」僅承擔投資指數型基金的對應責任，可以只在額外報酬完全涵蓋額外風險時，才參與投資。

股神巴菲特也建議投資人考慮指數化投資，他說：「我要對你們自己的投資，補充一些看法。大部分機構投資人和散戶會發現，擁有股票最好的方法是利用收取最低管理費的指數型基金，遵循這種方法的人，一定能夠打敗絕大多數投資專家扣除管理費與各種費用之後，所提供的淨成果。」

每一位辯論專家、談判專家和訴訟律師都知道，發展可信論證最重要的一環是分析對手的論證。因此我們要評估各

1　請參閱波克夏公司1996年的年報。

種不同論證的正反說法，並評估支持積極型管理的人反對指數化投資的各種論證：

表5-1 指數化投資：反對的主張與相對的回應

「積極派」的主張	務實的回應
「小型股」或新興市場指數型基金可能有追蹤誤差的問題。	是的，因為有極多股票可以選擇，指數型基金會利用一組樣本股票，建構投資組合，因此其中會有不完美的地方，但是跟積極型投資經理人的追蹤誤差相比，指數型基金的追蹤誤差遠遠小多了。
指數型基金會跟奇異公司之類在2000年呈現股價過高的大型股，緊緊綁在一起。	沒錯，不過指數型基金也會跟同樣這些由低價漲到價格合理，再漲到高價的股票，緊緊綁在一起。
追求「平凡」不是美國成為世界最強大經濟體、創造眾多成就的主要力量，而且以追求一般水準為目標的消極型投資和美國人格格不入。	這是煽動性的說法，檢驗過歷史事實後就站不住腳。追平市場指數最後會變成獲勝的策略，是因為「平凡的」基金或機構，以及「平凡的」散戶所創造的績效，一再不如大盤。因此追平大盤表示績效勝過平凡的投資人，久而久之，更是遠勝過一般投資人。
行情太高或經濟環境不確定時，積極型經理人可以「採取防禦性手段」，這樣可以讓積極型經理人獲得勝過消極型指數化投資的優勢。	有些人可以這樣做，但是有些人做不到。只有少數積極型經理人在完全正確的時刻，採取防禦性做法（請記住，停住的時鐘一天還有兩次會指示正確的時間）。長期而言，波段操作專家幾乎都是以隨機性的型態「進行防禦性操作」，因而互相抵銷，整體而言，會大大降低客戶的長期報酬率。
積極型管理一定有效，否則積極型經理人應該無法繼續生存。	潛能的觀念很流行。全世界的賭場都擠滿了大致上持續輸錢，卻繼續賭博的賭客。積極型經理人的確相信或宣稱自己可以打敗大盤，更重要的是，他們的客戶也相信這點。

「積極派」的主張	務實的回應
扣除管理費後，指數型基金的績效不如他們所複製的市場。	沒錯，但是差距只有一點點。指數型基金收取的管理費低到0.1％，而且可以靠著借券，把這種小小的金額賺回來，因此，投資人花金額很小的淨管理費，便可以得到廣泛的多元化投資、方便和信心。此外，還有關於晨星公司（Morningstar）令人震驚的發現，該公司針對過去績效所做的「星級」評等非常通行，但是在預測未來績效方面，卻幾乎毫無價值。在每一種投資類別中，低管理費的基金，績效都勝過其他基金。

此外，有好幾個強而有力的理由支持指數型基金，主張積極型投資的人卻從來都沒有提過：

- **稅負**：指數型基金的周轉率遠低於積極管理型基金，因此引發的稅負低多了——指數型基金的年度周轉率大約為5％至10％，積極管理型基金的年度周轉率為60％至80％甚至更多——積極管理型基金鎖定短期獲利，這種獲利當然會適用較高的稅率。

- **高額管理費**：它冷酷無情的大幅吸走積極型經理人的操作成績，聰明的富蘭克林說得好：「節省一分錢，就是賺到一分錢。」

- **交易成本**：指數型基金的交易成本遠比積極型基金低多了。

- **安心感**：所有投資人都會碰到市場的震盪起伏，投資

指數型基金的人，卻不用擔心經理人的投資風格改變或與市場「脫節」，也不管他是否被收購，以及不少成功經理人常見的問題：用超過負荷的錢進行投資。

在指數化投資與積極型投資之間選擇的另一種檢查方式，是顛覆通常的順序，建議人們從有經驗的指數化投資轉為積極型投資。轉向積極型投資的論點可能是：「積極型投資使投資人有機會讓表現優於大盤，為了得到這個機會，無論如何必須接受一些問題：費用比指數化投資高十倍以上；長期來看，有80%的積極型經理人無法達到他們自選的基準，表現弱於大盤的虧損大於『贏家』的收益；沒有找出卓越經理人的常規；在嚴重問題變得明顯、反覆表現出能力不足之前，很難辨識出績效日漸惡化的經理人（長遠來看大多如此）；身為投資人，你總是擔心自己的積極型投資人被捲入麻煩中。」

投資人若無法動用大量必要資源，找出能打敗大盤的積極型經理人，就幾乎不應該找積極型經理人，而應該把重點放在擬定適當的資產配置計畫，而且在每一種資產類別擁抱指數化投資，以便把管理費降到最低。對大多數投資人來說，指數型基金的主要好處是，這種投資方法可以讓市場先生沉默無言，而且可以讓投資人把全副精神，放在擬定最有希望達成本身目標的長期投資計畫與資產組合上。

有一個核心重點，跟每位投資人最佳的投資策略息息相關，那就是決定每位投資人所能承受的市場風險水準。有一個最適當的市場風險水準，是在適當的時間長度一直保持投資狀態，而特定投資人可以忍受市場波動、充滿信心的堅持到底。這種說法聽起來很簡單（事實上也的確「簡單」），做起來卻相當不容易，尤其在市場先生刻意激怒你且情況危急時，更是如此。

　　大致說來，投資中有兩大類主要風險，一種是投資風險，另一種是投資人風險。大家把所有注意力都放在第一種風險上，但是第二種風險才應該是我們關注的重點。因為我們大致上對投資風險無可奈何，而每一位投資人都可以在投資人風險上稍微花一點力量，創造出重大的差異。市場就是這樣，市場先生隨心所欲全力發揮，就像天氣一樣，我們可以選擇怡人的氣候，但是必須學著接受天氣的日常變化。

　　小船的駕駛人在改變風向或潮水流向方面，幾乎無能為力，但是在選擇正確航向、把穩船帆方面，卻可以大大的發揮。他知道自己和小船在惡劣天氣中能夠做什麼，在觀察天空、避免嚴重的風暴方面，也有很大的發揮餘地。同樣的，投資人可以配合市場達成自己的實際目標，但是一定不能甘冒惡劣天氣的風險，也絕對不能超出自己的能力，甘冒更激烈的市場波動風險，以免無法維持方向，並等待市場風暴回歸平靜。

積極型投資人可以有更好的表現，有些積極型投資人偶爾會創造更好的績效。但是如果多年來，某些共同基金經理人一直都能創造高出平均很多的績效——尤其是扣除稅負、管理費、費用和錯誤之後，在眾目睽睽之下，難道你不覺得所有人都知道他們管理哪些基金嗎？我們不都希望讓他們來管理我們的錢嗎？而且我們（都打算做正確的事）會不會將大量資金投入這些基金以至於使其超載？當然會。

這就是為何聰明的投資人，會把注意力放在了解所有市場指數型基金所提供的真正優勢上——因為這種基金是夢幻投資團隊每天動用一切技巧與努力，所得到的成果。

接受現實並非總是很容易，當它違反個人的經濟利益，或是強迫個人放棄遵循已久的一套信念（尤其是很多人顯然也抱持同樣的信念時），要接受現實可能非常困難。這就是這麼多積極型投資經理人，繼續抗拒指數型基金的其中一個重要原因——即使他們也有做指數化投資。

雖然達爾文的進化論得到大量的科學證實，超過40％的美國人仍然宣稱，自己相信上帝創造世界的說法，而且類似百分比的美國人，仍然懷疑全球暖化現象。雖然認真研究現實狀況的人可能很難了解，為什麼這麼多人抗拒指數化和指數股票型基金（Exchange Traded Funds，以下簡稱ETF），或是多少難以了解，為什麼有人會相信上帝創造論或不相信氣候變遷。但是我們不應該覺得十分驚訝，對那些

依賴工作獲得收入（特別是高薪）的人，要拒絕或挑戰工作是很困難的。

湯瑪斯・庫恩（Thomas Kuhn）在其經典傑作《科學革命的結構》（*The Structure of Scientific Revolutions*）中解釋過，對以某些基本觀念為基礎來建立事業生涯，並發展出所有後續理論細節的人來說，「改變」是很難接受的事情。當我們會在地位與收入上有重大損失時，要改變舊有的假設與信念、接受新的假設的確很難。

懷疑全球暖化的華盛頓特區官員也是如此，他們抓住暴風雪的事實，當成反駁全球暖化的「證據」，卻不去了解諸多資料是否可能真的證實是全球暖化，而不是否定全球暖化的現象（暴風雪事實上是氣候變化的強力證明）。近年來，生物學更深入探討生命真正的運作方式，達爾文的進化論因而得到愈來愈多的證實，指數化和ETF也是如此。

一項又一項研究在原有的眾多論據之外，增添了額外的證據，證明除了少數例外與事前能發現的極少數意外之外，積極管理的成本其實超過本身能產生的附加價值。沒有一種有系統的研究支持相反的看法。這麼說來，我們可以合理預期大家會有什麼樣的反應呢？可以預期繼續支持積極型管理會獲得強大經濟、社會或情感好處的人會有什麼作為呢？

有個變相的問題是，ETF在單一市場或商品中提供的投資「機會」。目前有超過一百檔單一國家型ETF、超過一百

五十檔單一商品型ETF，以及兩百檔融資或反向融資ETF。除非你是大家公認的世界級專家，或是有某些特殊理由，必須利用其中一種特殊型的ETF，否則你連考慮都不用考慮。

創新如何贏得眾人的接受，是大家都很清楚的事情，我們可以用簡短的文字說明這種過程：就是大家必定會慢慢接受，是一次克服一個人的抗拒心理的過程。對創新的抗拒──也就是接受的黏度──會因為不同的社會而有所不同：農民接受新培育雜交玉米種子的速度很慢，比醫師接受新藥的速度要慢得多；青少女則會快速接受任何新穎的事物。其中，有兩個群體很重要：

1. 創新的人總是在嘗試新事物。他們的實驗經常失敗，但他們總是樂在其中，不介意失敗。因為他們在自己的實驗中，從不會投注過多的心力，如果新事物失敗了，也不會引咎自責。
2. 有影響力的人備受尊敬，因為他們有能力挑選出新方法，成功的機率很高，而且幾乎從來沒有失敗過。

有趣的是，有影響力的人會密切注意創新的人，他們看到某種實驗成功後，會跟著照樣實驗。因為有影響力的人只實驗創新的人做成功的事，他們的成功比率會變得非常高，而這就是他們之所以有影響力的原因，也是極多人注意他們

的行為，又信心十足追隨他們的理由。

ETF和指數化以奇怪而緩慢的步調推動，卻提高了大家的接受與熟悉程度，而且還逐漸加快。為什麼？因為愈來愈多投資人知道：指數型基金在扣除管理費、成本、稅負（且經過風險調整）後，成就始終勝過積極型管理。

這樣會狠狠打擊積極型經理人嗎？絕對不會！事實上，完全是因為積極型經理人極為聰明、極為努力，又得到資料庫、電腦、彭博資訊、訪問財務分析師的研究和許多其他優勢的協助，他們又極為積極的主導股市活動，指數化才能發揮這麼高的功效。

實際上，對積極型管理至高無上的讚美具有矛盾性質：完全是因為這麼多積極型經理人如此高明，以至於他們構成的市場（雖然絕對說不上「完美」）至今變得非常有效率。市場效率絕大部分是因為這麼多高手如此努力、有技巧的導正市場，才會導致幾乎沒有一位積極型經理人，能夠創造勝過高明專家共識的績效，在扣除管理費後尤其如此。

積極型經理人收取的管理費被引述為「只占資產的1％」，但是投資人已經擁有這一切資產。那麼，這些管理費占了報酬率多少比率呢？如果報酬率平均為7％（正如許多人對世界未來低增長的期望），管理費就占了收益的15％。就如所有經濟學家所提醒的，積極型管理的實際成本，是隨著投資收益增加而提高的管理費，大於指數型基金「商品」，

這意味著積極型管理的增量費用（在普遍流行的指數化管理上）已超過增量報酬率的100％。積極型管理在扣除管理費後，創造的成果令人不滿，已逐漸促使客戶嚴重質疑其中的成本，以及積極型投資管理所創造好處的價值。

因為證據持續不斷累積，我們看到愈來愈多投資機構和個人，利用ETF和指數化，這應該一點也不奇怪。也難怪我們看到，已經利用ETF和指數型基金的個人和投資機構，穩定增加這方面的資產配置。真正讓人覺得奇怪的是：為什麼這兩種投資方式的需求增加率，沒有以更快的速度提高？

所有祖父母和大多數父母都知道（他們大多數的孫兒將來也會知道），優良駕駛的真正考驗很簡單，就是不出嚴重車禍。所有飛行員都知道，安全、單調甚至無聊，正是優良飛行的真諦。投資成功的祕密不在於打敗大盤，而在於以不超過規定速率二十英里以上的時速駕駛；成功的駕駛是要在正確的道路上，以合理的速度前進，不發生意外。

投資成功要靠擁有明確的目標、正確的資產組合，再加上將計畫堅持到底。ETF和指數型基金使投資機構和個人，更容易把重點放在真正重要的事情上，也就是放在訂定正確的風險目標、設計最可能達成那些合理目標的投資組合，適當調整投資組合和堅持到底等方面。指數型基金和ETF簡化了投資方針的落實，釋放了投資人，讓投資人可以把重心放在長期目標、投資組合策略上。這就是為什麼指數型基金和

「普通的」ETF對目標正確、有意贏得贏家遊戲、不願意在輸家遊戲中落敗的散戶和投資機構愈來愈重要的原因。

Chapter **6**

別在股市中追尋自我

身為人類的我們並非總是理性，
而且我們並非總是基於「自身最大利益」而採取行動。

有名的美國漫畫人物波哥（Pogo）說了一句精闢的警語：「我們已經碰到敵人，敵人就是我們自己。」這真是太正確了！對投資人來說，這更是具有特別意義的基本真理。

同理，以筆名「亞當斯密」寫作的喬治・古德曼（George J. W. Goodman）明智的警告說：「如果你不認識自己，可以在股市裡找到答案，但代價高昂。」我們會情緒化，因為我們是人類。我們認為自己愈努力，成果愈好；我們很難接受「一動不如一靜」之類的建議。因為我們是人類，甚至說不上完全理性。所以如果投資人造成虧損，我們需要知道如何，以及為何會這樣。

想要了解投資，那麼把投資分為市場、投資經理人和投

資人三部分，可能很有用。太多投資人認為，投資經理人占據最重要的角色，市場和「市場的所有波動」則第二重要，至於個人，僅扮演相當不重要的角色。對投資人本身和投資人的整體長期投資經驗而言，這種想法並不正確。

事實上，真正的重要次序正好相反：今日的投資人遙遙領先，扮演最為重要的角色，投資經理人反而是最不重要的角色。

五十年前，積極型經理人確實扮演了最重要的角色，但因為許多重要的變化湊在一起，積極型經理人能成功扮演的角色，多年來已下降到相當不重要的地步。諷刺的是，會有這種重大的縮減，不是因為積極型經理人喪失技巧或企圖心。正好相反，這種情形完全是因為太多十分聰明、野心勃勃、勤奮努力的專家受到投資圈吸引，以至於整體而言，他們當中任何一位，幾乎都不可能超越「集體共識」。這就是為什麼投資經理人角色愈變愈不重要的原因——即使他們需要更高明的技巧，才能在今天的市場上競爭。

從好的一面來說，因為每位投資人都獨一無二，只有投資人——通常得到投資顧問的協助——才能釐清自己獨一無二的目標、風險忍受度、投資專業技能，以及目前和未來的財務債務、責任與期望（請參閱圖6-1）。

大部分投資人、投資經理人和所有與投資有關的廣告，都只把重點放在投資的一個面向：報酬率；投資還有另一個

圖6-1 誰的角色最重要？

錯誤的觀念　　　　　正確的觀念

投資人

經理人　　　市場

投資人

經理人　　　市場

重要面向：風險——尤其是嚴重永久虧損的風險。要創造長期獲利，就不能忽略風險，這甚至比報酬率還重要。風險會以不同的形式表現出來。

包括馬多夫、安隆公司（Enron）、世界通訊公司（WorldCom）和其他蓄意詐欺案與弊案、拍立得（Polaroid）、朗訊公司（Lucent）和其他因為業務碰到意料之外的問題，以至於市場占有率下降的公司；在市場跌到可怕的低點，嚇得退出市場，卻沒有在市場回升之前重新進場的個別投資人；過度努力，並在市場高峰時買進股票或基金的人；忠心耿耿投資自己受雇公司的股票，而沒有明智分散投資的人；或是儲蓄不夠、投資不明智、開銷太大或「活得太久」而將退休基金用光的人。虧損——不是因為市場波動而形成的虧損，而是真正永久性的虧損——對財務和精神兩方面，都具有毀滅性的力量。這種損失的風險，顯然是真正的風險。

一位急躁的學員在某個華爾街投資訓練課程中，詢問傑出而富有的資深夥伴：「我要如何變得像你一樣富有？」，對方沉默良久，然後答道：「不要虧損！」很多學員可能因此心想：「如果你問了一個愚蠢的問題，當然應該得到一個愚蠢的回答。」但是五十年後他們才會了解到，不虧損的確很重要，你虧掉50％的資產後，必須賺到一倍，才能打平。

　　多年來，經濟學家根據「人是理性的電腦」這個假設，認為大家知道自己想要達成的目標是什麼，也知道達成目標的方法，而且持續不斷努力做出理性、不情緒化、對自己有利的決定，以便達成目標。然而，行為經濟學家近期已證明：身為人類的我們並非總是理性，而且我們並非總是基於自身最大的利益，採取行動。行為經濟學家注意到，投資人風險會以多種面貌出現，以下是我們實際上會做的一些事情：

- 我們不重視回歸平均數的絕大力量。
- 我們忽視「基本狀況」，或是忽視正常的經驗型態（雖然我們知道機率對我們不利，但我們還是會到賭場賭博，還是會困在多頭和空頭市場中）。
- 我們相信「手氣」和連勝紀錄，認為最近的事件很重要，連擲硬幣時都一樣（其實並沒有）。
- 我們對第一印象反應過度，因此容許最初的看法錨定自己未來的思考，扭曲對後續資訊的分析，以結論來

鞏固我們的第一印象。

- 我們會受到掌控一切錯覺的影響，低估壞事的機率——特別是低估非常惡劣事件的機率。

- 我們評估決策的品質時，根據的是有利或不利的結果，而不是根據決策方式的品質，這種情形叫做「後見之明偏誤」，或是叫做「結果偏誤」。

- 我們過度依賴專家——對他們的專業知識過度信任。

- 我們對崇拜的人所提供的建議有「光環效果」反應，即使那些人的推薦超出其「專業領域」之外，例如運動員推薦特定飲料、手錶或旅行地點。

- 我們過度偏重容易回想起來的戲劇性事件，或是媒體大量報導的事件。

- 我們高估自己的技巧和知識。

- 我們會對短期結果（像是共同基金最近的績效）產生過於深刻的印象。

- 我們會受「證實偏誤」的影響，然後尋找和偏重支持我們最初印象的資料所蘊含的意義。

- 我們把自己的最終判斷錨定在早期的估計上，即使我們知道那「只是一個數字」，卻仍然會這麼做。

- 我們會扭曲對自己所做決策的認知，幾乎總是從對我們有利的角度來看待，因此以為自己比實際上還更善於做決定。而且我們不肯學習，一直保持過度自信的

狀態。

- 我們把熟悉、知識和了解混為一談。
- 我們對最近的好消息和最近的壞消息過度反應。
- 我們認為自己實際上比別人知道的還多（將近80％的人認為自己在開車、聽話、跳舞、評估別人、交際、幽默感、為人父母和投資方面，「比一般人高明」。80％的人暗自認為，自己的子女也比一般人高明）。

　　我們現在知道，身為人類，我們天生具有某些無法分割的心理和行為特性，迫使我們在投資時，會做出不完美的決定，甚至犯下嚴重至極的錯誤。我們經常不知道自己如何思考和反應，因此利用簡單的對照表來指引我們的行為，應該是很明智的做法——就像薩利（Sullenberger）機長明智地利用簡單的對照表，將一架引擎停止運轉的飛機，緊急迫降在哈德遜河上一樣。[1]

　　美國前總統甘迺迪曾針對「自我傷害」這個議題敦促大家：「至少我們不要這樣對待自己。」這個警告也適用於所有投資人，因為我們自己會引發相當不必要的風險，要是我們能夠承認自己不幸的傾向，規範自己，少製造一些傷害，

1　2009年，全美航空一架空中巴士A-320型客機，從紐約起飛後不久遭到鳥擊，導致飛機頓失動力，驚險迫降在冰冷的哈德遜河中。薩利機長臨危不亂，成功帶領機上155人死裡逃生，被稱為「哈德遜奇蹟」。

尤其是少傷害自己和自己的投資，就很容易避開這種風險。「善意忽視」對身為投資人的我們有諸多好處。以下是投資人應該避開的一些風險：

- **過度努力**：我們常因此冒了太多市場風險。
- **努力不足**：通常情況是把太多的資金，投入貨幣市場基金或債券中。
- **沒有耐心**：如果你的投資一年上漲10％，就等於一個月上漲不到1％。如果以一天為單位來計算，這樣的投報率應該會降到完全引不起你「興趣」的地步（請自我測試一下：你有多常查看自己的持股價格？如果你一季查看一次以上，只是在滿足自己的好奇心，而不是滿足你對價格資訊的需要）。如果你每年做一次以上的重大交易決定，就幾乎可算是交易太過積極的投資人。
- **持有共同基金不到十年就轉換**：如果你這樣做，實際上你只是在跟投資「約會」而已，投資共同基金應該要像婚姻一樣，在神智清醒、深思熟慮的狀態下，做出真正長期的決策。轉換共同基金會讓投資人損失慘重：共同基金投資人實現的平均報酬率，遠低於他們所投資基金的報酬率，這完全是因為投資人在基金最近創造差勁的績效後就賣掉基金；在基金最近創下優

異的績效後買進基金。因此，我們全都過於頻繁的賣低買高，一再喪失原本表現出足夠的耐心和耐性，就可能賺到的一大部分利潤。

- **太多融資**：在投資人虧掉的財富中，有四分之三是因為利用融資才導致虧損。融資戶希望賺更多錢，結果卻變成令人痛苦的「債務累積」。
- **盲目樂觀**：在其他任何領域中，樂觀都是有益的，但是在投資領域中，最好保持客觀和務實的態度。
- **心高氣傲**：研究一再顯示，我們大幅高估自己的投資能力，也大幅高估自己和市場對比的投資績效。而且我們不喜歡承認自己的錯誤──甚至不喜歡對自己承認。我們過於頻繁表現出頑冥不靈的樣子，請記住：「股票不知道你擁有它們。」而且實際上它們也不在乎這一點。
- **情緒化**：股票上漲時，我們眉開眼笑；股票下跌時，我們眉頭緊鎖、遷怒他人。股價的漲跌速度愈快，我們的情緒會變得愈強烈。

驕傲、恐懼、貪婪、狂喜和焦慮，是我們內心的魔鬼和敵人，這些情緒是市場先生最喜歡施加壓力的弱點，如果你有這些弱點，這位壞人一定會找得到。以市場先生善於耍弄炫目花招詭計的本事而言，我們如此容易成為他的獵物，這

一點也不足為奇。

關鍵問題不光是：「如果投資人熬過令人震撼的市場波動很多次，股票的長期報酬率是否會勝過債券或國庫券的報酬率？」更是：「投資人實際上是否能長期持有，以便確實獲得預期的平均報酬率？」問題不在於市場，而在於我們自己，在於我們的認知，在於我們對自己現在的認知太過人性化的短期反應。

這就是為何重要的是去培養對投資與資本市場的實際了解，好讓市場先生不再欺騙你；而你對市場波動和自己的長期投資目標培養實際認識，也能讓你不再欺騙自己。你愈了解自己的投資人身分，愈了解證券市場，就會愈了解長期資產配置其實很適合自己，也愈可能忽視市場先生，堅持自己的長期投資承諾。

有四種方法，可以大幅度的降低投資人風險：

1. 避免所有太人性化的操作錯誤。
2. 謹慎決定你自己的「務實」投資目標。
3. 設計達成自己特定目標的合理長期策略。
4. 堅持自己的長期計畫（決定你的投資計畫時，一定要慎重考慮過去你曾經怎麼受到誘惑，對異常有利和異常不利的市況，有過什麼樣的反應，那些不尋常的事件未來必定會再度發生）。

要學習怎麼成為成功的投資人，最好的方法是從「認識自己」開始。身為投資人，你在兩大領域中的能力，會決定你的大部分成就：一是你的知性能力，二是你的感性能力。

知性能力包括：分析財務報表（資產負債表、現金流量表和損益表）的技巧；存取資訊能力的程度與精確性；能夠廣泛綜合整理各種資料與資訊，然後將其轉換為見識與了解的能力；還有你掌握與利用幾百家不同公司和股票相關知識的能力有多高。

感性能力包括：不論市場先生製造的混亂與破壞，是否突然干擾你和你的決策，你都能保持鎮定與理性的能力。

每一位投資人都有一個能力圈（投資人擁有真正技巧的投資類別），也都擁有一個舒適圈（交易時會覺得鎮定與理性的範圍）。如果你了解自己的優缺點，就會知道自己在每一個領域中，必須跟什麼樣的限制和平共存。

你的這兩大領域在「范氏圖」（Venn Diagram）[2]中互相重疊的地方，就是你身為投資人的優勢所在，是你希望全力以赴的地方，因為你擁有正確的技巧和正確的情緒，可以把投資做到最好（請參閱圖6-2，在「吃好」和「睡好」兩種互相衝突的投資人目標中取捨，明智的建議是「賣出股票，直到你能好好睡覺為止」）。不要走出你的能力圈之外，因為你會

2　用來表達兩個或多個集合之間有無交集關係。

犯下代價高昂的錯誤，不要走出你的舒適圈之外，因為你可能會變得情緒化，這對你的投資絕非好事。

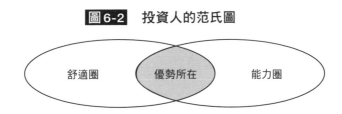

圖 6-2　投資人的范氏圖

在投資上，強大的防禦是有力進攻的最佳基礎，因此，請永遠待在你的舒適及能力圈內。這些是「你的錢」，請謹慎予以應有的對待與尊重，並且得到你應得的。唯有在你知道自己具備必要的技能、可以保持理性時，再進行交易。

投資是一個過程。良好的投資來自非常好的連續過程，就像在每個連續式製程一樣，要是有什麼東西吸引了旁觀者的注意，一定是製程出了問題。一個良好的連續過程，從來就不該是「有趣的」。

Chapter 7

散戶的不公平競爭優勢

運用各式各樣的指數型基金和 ETF 工具，

是散戶輕鬆獲得和維持「不公平競爭優勢」的方法。

　　所有偉大的戰略家都會追求超越競爭對手的永續優勢，
這就是為什麼：

- 將軍都希望占領制高點，掌控奇襲優勢。

- 教練都希望擁有更高、更快、更強的運動員，希望不
  斷努力改善運動員的狀況；同時很關心團隊精神與團
  隊企圖心。

- 企業策略家都試圖為自己的產品與服務，創造專屬的
  「品牌」優勢，設法在每一種客群中，建立強大的品
  牌忠誠度。

- 企業致力提升「經驗曲線」，以便把製造成本降得比

競爭對手低。專利保護、聯邦食品藥物管理局的批准、低成本的運輸、科技的領先、消費者的喜愛和商標等，全都具有一種共同特性，就是「競爭優勢」。

在每一種例子裡，策略專家都是設法看出並取得能永續維持的重大戰略優勢，也就是競爭者心目中認定的「不公平」競爭優勢。在投資領域中，有三種方法，可以獲得大家想要的不公平競爭優勢。

依靠體力打敗大盤是最流行（至少是最多人接受）的方法。這種行動計畫的信徒早早起床，晚上熬到深夜，週末還繼續工作。他們提著比別人重的手提箱，閱讀的報告、打出去和接聽的電話比別人多，參加更多的會議，收發更多的電子郵件、語音訊息和簡訊。他們更努力、工作速度比別人快，希望可以在競爭中取得領先地位。

依靠智力來打敗大盤的只有少數投資人，包括極少數擁有技巧，能夠啟發所有投資人的人。他們努力進行更深入的思考，努力瞻望更遙遠的未來，以便對特定投資機會，得到真正優異的遠見和了解。

依靠情緒追求卓越的投資，即是持續保持冷靜理性，絕對不會為了市場的利多沖昏頭腦，也絕對不會為了市場的利空而一蹶不振，這理應是最容易的投資方法。但事實上，在市況向極端狀況發展時，投資人當中，到底有多少人會覺

得，要維持「善意忽視」這種最有用的投資態勢是容易做到的呢？

如果你在評估這種事實狀況後，能夠接受自己再努力也不太可能改善現實，也承認你的努力難以改善問題，就很適合這種「容易」的方法，而我們都是這樣接受天氣的狀況。就像更多投資人在今天高度專業化的市場中投資時學到的，接受專家共識，以低成本進行指數化投資是明智的做法。

其實進行指數型基金投資，是投資人輕鬆獲得和維持不公平競爭優勢的方法。如果你不能打敗對方，就要加入他們。個人利用指數化還有一個更好的理由，就是當你這樣做的時候，就可以從中獲得解放，把你的時間和精力花在自己具有決定性優勢的角色上：了解自己與本身的特定目標，這樣你就可以接受市場現況，並把企圖心和技巧集中在設計股票、債券與其他投資的長期投資組合結構上，以便你的設計通過以下兩大考驗：

1. 從今以後，這個投資組合的市場風險會跟你和平共存，就算在極端情況下也是如此。
2. 可預期的長期成果，將會符合你的目標。

進行指數化投資有一個重大優勢，就是我們可以避免無謂的「尋找優異績效」，並集中時間與心力在投資策略和資

產組合決策上，讓你把注意力放在最重要的投資決策：定義長期的「策略」投資組合，盡量少犯可避免的錯誤風險，同時盡量提高達成正確投資目標的機會。

雖然有些投資專家技巧極為高明、心理極為獨立，以至於確實可以透過主動改變投資的方式，為自己的投資提高附加價值，但是紀錄反覆顯示，這種專家的人數比大多數投資人所相信的還少。更重要的是，你在這種紀錄建立前，要看出其中一位大贏家的機會非常低。最後，大多數的大贏家，並不接受新投資人的新資金。

有效的撤換投資經理人——在令人失望的結果出現前，拋棄一位投資經理人，聘用新的投資經理人——幾乎是不可能完成的任務。多年來，資料顯示大部分投資人在兩方面都做錯了。在退休基金中，遭到拋棄的投資經理人，未來操作成績通常勝過新聘用的投資經理人。最近的一些研究顯示，散戶投資人也碰到同樣的問題。

如果像很多大師所說：「成功是得到你想要的東西，快樂是接受你得到的東西。」那麼你可以靠著自己的投資，獲得成功與快樂，而方法是把心力專注在正確的資產配置上，根據一些簡單的真理，讓你的投資確實能夠為你和你的目的服務。大部分散戶長年累月犯下許多錯誤，經歷很多慘痛的經驗，才會學到這種簡單卻絕不容易的真理。幸好還有一種方便的替代方法：我們能藉由閱讀歷史學到很多知識。市場

就是市場，人就是人，但兩者結合在一起，便創造了一系列歷史。市場的歷史會重演，因為人群很難從中學習或改變。

　　以下便是在今日市場環境中從事指數化投資，可以得到的「不公平」競爭優勢：

- **更高的報酬率**：因為長期來看，80％積極型投資經理人的表現會敗給大盤。你幾乎不可能在事前看出，哪些經理人會變成勝過大盤的那20％優秀經理人。而且長遠來看，多數經理人的績效無法一直優於大盤。
- **更低的管理費**：指數型基金的管理費年復一年都維持十個基點（0.1％）以下。相較之下，積極管理型共同基金的管理費高達一百到一百二十個基點（1.0％至1.2％）。
- **稅負較低**：因為指數型基金的周轉率低，每年認列的獲利比較少，短期收入尤其如此。以積極管理型共同基金來說，每年平均稅負成本大約是資產的1％，因此「光是節省這1％」，就可以提高你的報酬率——占現在每年預期賺取7％報酬率的15％。
- **更低的投資組合周轉率，更低的券商手續費**：指數型基金每年付出低於10％周轉率的手續費；相對的，一般積極管理型共同基金則付出超過60％周轉率的手續費。

- **降低市場衝擊**：因為投資組合周轉率極低，遭受「市場衝擊」時的交易成本也比較低。
- **方便**：幾乎不需要保存任何紀錄。
- **不必擔心犯錯或失誤**：這是最棒的一點，因為你不需要做波段操作、投資組合策略、選擇經理人等這一切極為容易犯錯的決定。另一個原因是，沒有一檔股票會在你的投資組合中占據不成比例的部位。
- **自由度高**：你可以自由自在、專注在真正重要的決定上，例如跟你投資目標有關的決定，以及能夠為你帶來好處的合理長期投資策略與做法。

　　隨著評估期間拉長，支持指數化的證據愈來愈多，而積極管理型基金的績效問題也相繼出現。長期而言，隨著技巧高明、擁有耐力和企圖心的專家逐漸主導市場，未來，市場一定會變得更有效率。也因此，想要打敗大盤將愈來愈難。

　　要盡量降低跟報酬率相對的風險，或是盡量提高跟風險相對的報酬率，投資人至少應該考慮從事完全國際化的分散投資。大部分投資人會驚訝的發現，最單純形式的指數型基金組合，大約國內與海外各占一半。分散投資是投資人唯一可「白吃的午餐」，而且我們可以合理的認為，按照比例投資在世界所有主要股市，投資在這些市場所代表的不同經濟體，會大幅提高分散投資的程度。這就是明智的投資人會選

擇以較低成本去複製最大市場指數型基金的原因，對於非常理性的投資人來說，這種基金應該是全球性的「全市場」指數型基金。[1]

決定集中投資本國的投資人所做的含蓄決定，其實是強調本國比別的國家重要。奇怪的是，英國投資人將他們的投資專注於英國，加拿大投資人把焦點放在加拿大；日本投資人把重心放在日本股票上，澳洲投資人把重心放在澳洲股票上，紐西蘭投資人把重心放在紐西蘭股票上。除非他們的祖國像美國一樣，擁有龐大、複雜、動力十足的經濟體系，而且投資人在這個國家裡，又負有龐大的金融債務或責任，那麼集中投資本國可能很正確。

自從 1993 年第一檔 ETF 推出以來，ETF 已經蓬勃發展，不論從資產、檔數和類別來看都是如此。如今全世界有兩千檔以上的 ETF 與 ETP（交易所交易產品），總資產接近 3.4 兆美元。投資人應該知道，ETF 的大部分成長不是來自散戶投資人的需求，而是來自經紀商與專家為了規避特定風險的需求，這種投資都不是長期投資。

指數型基金和 ETF 不僅遍布世界各地的主要市場（及全球股票市場），還包括小型股、大型股、成長或價值投資組

1　台灣可透過國內銀行或投信公司，購買其代銷之國外指數型基金，或是可開立國外券商帳戶，如Firstrade。

合。然而，雖然每一種指數設計時，都希望公平而精確的複製股市，或是複製其中一種類股，但並非所有的指數都完全一樣。通常其中的差異很小、很不重要，但是在某些市場中，不同指數及追蹤這些指數的指數型基金之間，差異卻很大，特別是在收費方面。

巴菲特曾經估計過積極型投資的年度成本，並認為這種成本是「可怕的成本」：

- 光是交易財星五百大企業的股票交易成本（以每股6美分計算）就超過400億美元。
- 管理費、雜項開支、銷售收費、帳戶保管費用等，合計350億美元。
- 期貨與選擇權內外盤差價、各種年金成本等雜項支出，合計250億美元。[2]

請注意，這一切「只占」財星五百大企業總市值的1％，而總是以股東應有的眼光看待實際狀況的巴菲特提醒我們，這1,000億美元把這一年所有財星五百大企業賺到的3,340億美元，吃掉很大一塊。因此投資人賺到的報酬不到2,500

2　成本由成分股配發的股息中扣除，剩下的股息每半年發放一次（經紀商靠手續費、借券和從成分股公司接受股息時開始，到每半年把股息發放給ETF股東時之間的流動性利益賺錢）。

億美元，只占投資人10兆美元投資的2.5％。巴菲特認為，這2.5％的投資報酬率是殘羹剩菜。難道我們能否認這種看法嗎？

　　散戶投資報酬率的另一個「漏洞」，出自投資組合周轉率造成的稅負。周轉率愈高，稅負愈重，累積的報酬率愈低（共同基金經常實現短期利得，較高稅負的不利影響甚至更大）。

　　如果你決定在自己的投資組合結構中，「加碼投資」小型股或新興市場，甚至加碼投資邊境市場，可以利用指數型基金、ETF，或是兩者並用。但是請小心：投資美國、英國和日本之類高效率市場的大型股時，我贊成以指數型基金的形式去投資。至於特殊型指數型基金和特殊型ETF投資的市場就沒有這麼龐大，收入、定價也沒這麼有效率。在比較小的市場中，要複製市場比較難，也比較不精確。儘管如此，指數型基金在每個主要市場上的表現，都比大多數投資於相同市場的積極管理型基金來得好。

Chapter 8

破解積極型投資的迷思

要創造優異的投資成果，真正的機會不在於努力擊敗大盤，
而是在於建立和遵守適當的投資策略。

　　有一種矛盾讓積極型投資經理人倍感困擾：他們管理長期目標的投資人基金時，往往不追求實現合理又可行的長期目標，而是追求不合理、不可行、不重要的短期目標。

　　大多數積極型經理人把大部分時間，用在「設法擊敗市場」這個不重要又困難的工作上，卻少有成就可言。實際上，如果不承受高於正常水準的市場風險，績效卻能持續超過市場水準，即使是半個百分點，也是重大成就，然而，沒有多少投資機構能長期達成這個目標。諷刺且讓散戶和投資機構難過的是，致力打敗市場的投資經理人，績效幾乎總是落後市場指數。

　　有一個真正重要卻不困難的任務，才是投資人和投資經

理人可以用心，也應該真正用心的地方，這項任務包含下列四個步驟：

1. 了解每一位投資人的真正投資需求。
2. 定義務實的風險與報酬投資策略，以便達成這些真正的目標。
3. 為實現特定風險與報酬目標，建立資產配置或投資組合結構。
4. 養成自律能力，在市場變化甚至波動之時，堅持合理的投資計畫。

（關於過去五十年的重大變化，如何使低成本的指數化投資，成為今日幾乎所有投資人的最佳投資方式，更有力的解釋請參閱《指數革命》〔*The Index Revolution*〕一書，這是一場贏家遊戲，而且每個人都能成為真正的贏家。）

在每一座滑雪勝地裡，雪道會標注難易度，讓每一位滑雪者都可以前往最適合的雪坡。新手知道初學者滑雪道會鏟得很平，沒有冰塊或隆起，十分適合在此緩慢而輕鬆的滑雪；一年滑雪一百天的十七歲少年，可以在專家級滑雪道上競逐。如果滑雪者全都到適合自己的坡道上滑雪，那麼成千上萬的滑雪者就可以同時享受在山上滑雪的樂趣（如果十七歲少年只能在初學者的雪坡上，或是老奶奶到專家級雪道上

滑雪，一定都會很難過）。

如果不同種類的投資人看待自己與本身的投資組合時，都抱持著務實態度，同樣的安排會為不同投資人發揮作用。我們在很多方面都與別人大不相同，例如：

- 年齡
- 資產
- 收入
- 時間架構
- 眷屬
- 投資經驗
- 風險承受度
- 可能繼承的財產
- 預定的遺產贈與
- 行善意願

可能沒有一個人很像你我——或任何其他特定投資人（我們的指紋、DNA 和眼睛也全都跟別人不同）。最適合每位投資人的東西，很可能是獨一無二的，這就是為什麼每位投資人都應該訂做自己的投資組合，才會真正適合自己。

要創造優異的投資成果，真正的機會不在於努力擊敗大盤，而在於建立和遵守適當的投資策略，以便透過市場主要

的長期趨勢，熬過很多次的市場循環，達成你的目標。

實際上，很少投資人曾經發展出明確的投資目標，所以大部分經理人在操作時，並不切實了解客戶的特定目標，也沒有明白協議投資經理人的任務。這是投資人的錯誤。

要追求長期的獲利，投資諮詢遠比投資管理重要多了，而且在很長的期間內，投資諮詢對客戶在經濟上的影響大多了。大部分投資人沒有遵照紀律，為自己擬定健全的長期投資策略。這就是為何投資諮詢（收取相對較低費用）是大多數投資人要使用的最重要服務。

是否要在有專業顧問的情況下定出正確的投資策略，完全取決於投資人。畢竟投資花的是你的錢，你最了解自己的整體財務和投資狀態，其中包括：你的賺錢能力、儲蓄能力、退休計畫、小孩的教育支出、需要可動用資金的時間和額度，以及你對投資紀律的看法。只有你能知道自己對行情變化的忍受度，尤其是在市場走向極端、改變的壓力最大時，更是如此。因此，身為投資人，你有責任去了解自己到底是誰、真正想要什麼。這種責任雖然可以傻傻放棄，但終極責任卻不該假手他人。

儘管如此，投資人可以得到投資顧問的大力協助，好好思考自己對下列六個重要問題的答案。

第一，績效不佳的真正風險是什麼？尤其是會構成什麼樣的短期風險？你永遠不該甘冒無法接受的風險，例如，把

存給高三學生所需要的大學學費，拿去投資股票並不合宜——如果市場走低，這位學生可能繳不起學費（教育是一項重大的長期投資，但帳單必須在收到時付清）。又如在預定購屋日期前兩、三年，把購屋儲蓄投入股市也沒有道理。

第二，如果市場績效不佳，你會有什麼樣的情緒反應？你應該了解這件事，並牢牢留在對自己投資組合中期價格波動的忍受範圍內（理想上是充分了解之後的忍受程度）。因為避開市場風險的確有一種真正的機會成本。這就是為何你應該了解一切，隨著你承受的每一種市場風險水準提高，你必須預期會有哪一種盈虧提高的風險——以及不冒每一種水準的市場風險，分別會有什麼樣的機會成本。

第三，你對投資和金融市場的風雲變幻有多了解？除了事後回想之外，聰明的投資並非總是有道理。有時候，精明的投資看起來幾乎極為違反直覺。「不了解」通常會讓投資人在空頭市場時太謹慎，在多頭市場時太有信心——結果經常因此付出相當高昂的代價。我的建議是到圖書館去花幾個小時，閱讀1929年夏季與秋季、1987年秋季、網路泡沫期間或2008年秋季每天的報紙。「親身近距離」可以協助你了解處在風暴中是什麼感覺，也可以協助你學會在下一次風暴中保持鎮定。如果投資人十分了解投資環境，就會知道自己應該期望什麼，就能鎮定的應付令人不安的經驗，其他投資人或許因為比較不了解，可能對罕見的有利（或不利）市場

經驗反應過度。

第四，你是否還有其他的資金或所得來源？你的投資組合對你的整體財務狀況有多重要？

第五，你的投資有沒有法律限制？很多信託基金相當特別，許多校產基金對於如何定義和動用方面，有著明白的限制。

第六，投資組合價值是否出現一些意外的短期波動（可能是相當大幅度的波動），從而可能影響你的投資策略？投資人應該研究所有可能風險中的每一種，以便確定自己可以從正常的最佳投資策略中，偏離多少程度——卻仍然能夠充分地分散投資，且所冒的市場風險只略高於一般水準。我們全都知道，散戶在市場快速上漲時，或者在更糟的快速下跌情況中，很難繼續採取長期觀點。

你可以靠著重新制定自己的目標，把重點放在真正重要的事情上，也就是不花費心力去打敗大盤，而是致力於制定和達成合理、高度可行的務實長期投資目標。如果投資人不願意像資金主人一樣行動，我們可以確定的說，根據短期重點管理長期投資的矛盾，會繼續存在很長、很長一段期間。散戶投資人有個重要的契機，是在適合自己的長期投資目標和長期投資策略之間，求得最適當的平衡。

憤世嫉俗的人觀察投資管理中這種揮之不去的矛盾後指出，期望投資人規範自己，做好所有功課，或是期望投資經

理人冒著危害自己和客戶的關係,在大多數投資人似乎無意自我規範時,堅持推動深思熟慮、目標明確、細心說明的投資策略,實在是不切實際。

因此,能否逃脫這種矛盾,端看你能否在自己的需要和財力方面,主張「自己才是專家」,進而擬定適當的投資目標與投資策略。就這個重要的任務來說,我們雖然可以得到有經驗的財務顧問的實質協助,但主要還是要靠自己。

Chapter 9

時間，阿基米德的槓桿

時間，會決定你的風險與報酬，
同時讓那些最沒有吸引力的投資，徹底反轉！

　　在投資方面，「時間」是阿基米德的槓桿。大家經常引述阿基米德的名言：「給我一根夠長的棍子和一個支點，我就可以舉起地球。」在投資方面，時間就是這根棍子（支點當然是堅定而實際的投資策略）。

　　在任何成功的投資計畫中，時間——投資時間的長短、評估和判斷投資成果的期間——這是至為重要的因素，因為它是制定正確資產組合的關鍵要素。

　　時間會把最沒有吸引力的投資，變成最有吸引力的投資，反之亦然。因為預期的平均投資報酬率雖完全不受時間影響，但以「預期平均值」為中心的實際報酬率，受時間的影響卻很大。要是有足夠的時間，原本似乎沒有吸引力的投

資，可能變得極有魅力──反之亦然。

投資持有的期間愈長，投資組合的實際報酬率愈貼近預期報酬的平均值（反之，個別投資標的的實際報酬率，通常會隨著時間拉長而擴大）。因此，在不同的條件和目標下，時間會改變投資人對各種不同類別投資組合的應用。

如果時間比較短，長期投資人卻專注於回報最高的投資標的，這樣並不適宜，聰明的短期投資人會避開這種投資。但是如果投資期間很長，聰明的投資人可以不必承擔太多的焦慮，堅持這種以短期看來太冒險的投資。

一般而言，計算投資報酬率，也就是計算投資報酬率的平均值和分布狀況，所使用的期間通常是一年。太可惜了！這種時間架構很常見，大家也普遍利用，卻根本無法配合不同投資人的時間要求，因為投資有各種不同的限制，目的也大異其趣。有些投資人一次只投資幾天，有些人卻會持有標的幾十年，在投資領域中，時間的架構非常重要。為了顯示時間到底多重要，我們現在要誇大的去看，投資普通股一天的預期投資報酬率。

如果一般股票的每股價格是40美元，在正常的一日交易裡，價格波動範圍很可能是在39.25至40.5美元之間，波動幅度是1.25美元（或3.1％）。請記住：最近幾十年內，股票的平均年度報酬率大約為8％，我們假定投資這種假設中的一檔股票，應該會獲得約0.04％的每日報酬率（8％的年

度報酬率除以一年二百五十個交易日），預期的每日平均波動幅度為正負1.55%（每日波動幅度3.1%除以二）。

現在，我們把0.04%的每日報酬率，和3.1%的價格波動幅度化為「年率」，預期的年度平均報酬率應該還是8%，但是以8%為中心的報酬率範圍卻高達正負387.5%！換句話說，投資我們所假設的股票一天，年度報酬率介於獲利395.5%和虧損379.5%之間！

當然，沒有一位理智的投資人，會故意只投資股票一天、一個月，甚至一年，因為時間明顯太短，和預期的報酬率平均值相比，這種投資的預期報酬率變化太大。這樣投資普通股會造成額外的不確定性，沒有夠大或夠確定的報酬來平衡其中的風險。持有普通股的時間這麼短不會是投資，而是極端的投機。

儘管如此，這樣故意利用年度投資報酬率，模擬一天的遊戲，能引導我們認真分析，評估時間變化對投資滿意度的影響。這樣檢討會顯示，為什麼擁有長時間架構的投資人，可能會把所有資金投資在普通股上，就像一位擁有短時間架構的投資人，把所有資金只投資在國庫券或貨幣市場基金一樣，兩種做法都一樣明智。這種檢討也顯示，為什麼中期投資人的時間架構延長時，會把投資重點從貨幣市場基金轉移到債券，而且會逐漸提高股票投資的比重。

不論投資期間怎麼變化，預期的投資報酬率平均值始終

不變，時間對實際實現的報酬率所產生的深遠影響，清楚顯示在圖9-1中。

　　從長期看來，一年計算一次股票年度投資報酬率幾乎沒有連貫性，顯示獲利有高有低，虧損也有大有小，似乎完全呈現隨機型態。在最好的情況下，你每年可以賺到53.4％，但是在最壞的情況下，你可能虧損37.3％。要「簡化」分布這麼散亂的眾多一年期經驗，希望從中得到任何投資報酬率的「平均值」，是幾近荒唐的事情。

圖9-1 股票、債券與「現金」實質報酬率分布狀況（將通貨膨脹計入之後）

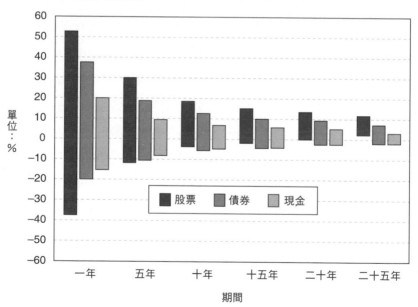

投資
終極戰

但如果把投資期間改成五年，投資報酬率的規律性就會大幅增加。例如虧損的期間減少、獲利期間似乎變得更頻繁且持續，因為隨著評估期間拉長，長期平均報酬率逐漸壓倒單一年度的差異。

　　若再把投資期間進一步拉長為十年，會使報酬率的一貫性提高，這十年期間你只會碰到一次虧損，大部分的時間都會出現平均5％至15％的年度獲利。「基本利率」平均報酬率的力量，現在經過整整十年的複合成長後，會壓倒單一年度的差異；要是把時間延伸到二十年，可以更為提高投資報酬率的延續性，其中沒有虧損的期間，全部都是獲利期間。而且獲利更趨近於長期的預期投資報酬率平均值。

　　要了解上述資料的意義，知道這種實際投資經驗都是從持續一貫的經驗中取樣是很重要的。即使是在新英格蘭，把天氣拉長到以長期為基準考慮時，天氣也會變成有意義和可靠的氣候。雖然要預測個別的嚴寒或酷暑的日子很難，要預測這種天氣在哪一天出現更難，但是新英格蘭的天氣還是會變成有意義、可靠的氣候。[1]同樣的，在投資天地中，有耐心的觀察家才可以看出真正潛在的基本型態，讓看來隨機分布的每年、每月、每天毫無規律的表象，不會顯得這麼不連貫或混亂，而是有規律可循的。

1　美國新英格蘭的天氣複雜多變、難以預測，就連在新英格蘭的不同地區，氣候也不盡相同。

在天氣和投資方面，樣本數愈大、愈多，我們就愈容易確定樣本所取樣母體的正常分配特性。對這種正常經驗有所了解時，你就得以控制自己的行為，利用具有主導性的長期正常型態，而不至於因為令人困擾的日常事件，在短期內展現極為龐大的力量，致力引發令人注目的市場劇烈波動，使你陷入驚慌失措的困境。

在決定投資策略時，最重要的問題是資產組合，尤其是固定收益投資和股票投資的比率。資產組合分析反覆顯示；**風險與報酬之間的權衡，由一個重要的因素決定，也就是時間。**

可悲的是，大家極為頻繁採用的時間架構，不是專門為特定投資人而選定的，而是採用一般常用的五年期間。這通常會導致大家採用常見的60：40股債比率的投資建議。採用十年的時間架構，通常會採取80：20股債比率的建議；採用十五年的時間架構，通常會採取90：10股債比率，其餘可以此類推。

不過，這些時間架構對於希望提供家人財務安全的大部分散戶來說，都不「適當」，因為大部分投資人活著並持續投資的時間，都會超過一般的十至二十年，對於實際投資時間架構長達三十至五十年以上的投資人來說，上述時間架構全都太短。如果更多投資人採用真正的長期思考，應該可能會用不同的方式投資，賺到比較高的長期報酬率。

Chapter 10

正確解讀投資報酬率的方法

短期投資報酬率的差異看來可能很小。但長期而言，
在複利計算之下的乘數效果，會產生相當明顯的重大差異。

投資報酬率會以兩種大不相同的形式出現：一種是相當
容易預測，來自利息或股息的現金；另一種是至少在短期內
相當難以預測的行情漲跌。投資人把大部分的時間和技巧，
放在掌握行情的變化上，設法勝過其他投資人，提高投資報
酬率。這種做法是重大的錯誤。

行情會變化，是因為積極型投資人對適當股價的共識有
變化，這種共識不是由散戶決定的，而是由成千上萬名持續
尋找機會、追求投資獲利的專業投資人決定的。這些專業投
資人為了尋找機會，必須這麼做：

• 研究所有主要國家的貨幣、財政、經濟狀況與政治情

勢發展。

- 拜訪數以百計的公司並參加數以千計的早餐、中餐和晚餐聚會，跟企業經理人、經濟學家、產業權威、證券分析師和其他專家會晤。
- 研究數百家公司和幾十家大型證券公司製作的研究報告和分析。
- 大量研讀產業界的出版品。
- 持續不斷地在電話上，跟擁有理念、資訊或遠見的人談話。
- 運用彭博資訊，並且上網取得最新消息。

專業投資人除了要研究理性的世界之外，也要研究不理性的世界，例如行為經濟學與投資人心理、消費者信心、政治狀況，以及整體「市場風氣」，因為在短期內，經由市場先生的操作，市場並非完全理性。投資人認知與解釋資訊的方式、因應情勢發展的方式會影響行情，短期內尤其如此。因此，專業投資人總是在自己的意見被「其他投資人」利用之前，尋找和利用其他投資人的意見。

即使做足功課，專業投資人的所有解釋和認知也不會完全正確。事後回想，有些人實在錯得離譜。但成千上萬積極主動的專家，全都在努力發現正確的價格，很難被擊敗。

在今天動力十足的市場上，積極型投資管理是一種動盪

不安、迷人、希望無窮、令人痛苦、高壓卻又令人愉快的過程。投資人——在世界上最自由及競爭的市場中——對抗那些才氣十足、雄心勃勃的競爭者，希望靠著可能是更豐富的知識、更明智的解釋或更好的操作時機拿捏，以贏得任何優勢。諷刺的是，對大多數專業和個別投資人來說，其實這些活動大都不重要，不重要的原因並非是這些專家的才氣不足，而是因為他們的對手中，有太多人都同樣才氣十足。

從表面上看來，這種程序十分複雜，但是在評估股票價值方面，有兩大主要領域。第一，是投資人對可能的未來盈餘、股息的數量和行情出現時機的共識；第二，是投資人對預計的未來股息和盈餘現在應如何利用，以便建立股票現值的折現率共識。

對於未來股息與盈餘的預估，會因為投資人和時間的不同而有差別。由於大家對預估的長期經濟與工業成長率、對單位需求的循環性波動、價格與稅負、發現和發明、國內和國外競爭等因素，看法會有變化。長期而言，大家認定的適當折現率也會隨著很多因素變化，其中最重要的因素，是對特定投資或一般投資風險的認知，或是預期的通貨膨脹率。此外，積極型投資人明白，其他投資人估計「其他投資人的估計」，以及其他投資人對「這些估計」的估計，這種循環總是在變化，而第三組估計（判斷其他投資人「估計其他投資人的估計」會如何變化）也總是在變化，有時波動甚劇。

投資人估計未來盈餘、股息與折現率的期間拉得愈長，對於估計「其他投資人的估計」造成的不確定性會愈高，從而導致股價逐日、逐月、逐年的波動愈大。請注意：**對長線投資人來說，重要的共識不是今天大家對遙遠未來所凝聚的共識，而是我們實際到達遙遠未來時流行的共識**。隨著投資人持有投資的期間拉長，折現因素的重要性會下降，企業獲利與分派股息的重要性會提高。

對於長線的投資人來說，盈餘和股利的相對重要性非常高；對於注重價格的短線投機客而言，一切都要看投資人心理逐日、逐月的變化而定。一般的長線投資經驗像氣候一樣，絕對不會讓人驚訝，但是短線經驗卻像天氣一樣，往往令人驚嚇。

長線投資人從經驗中了解到，經濟行為與事件的鐘形曲線呈現絕佳常態分配的紀律，以及經濟體系與股市中的主要力量，透過回歸平均數強力趨向「正常」。他們知道目前的事件和常態分配中心的平均數乖離愈遠，回歸平均數原則把目前的經驗拉回或平均的力量愈大。

而物理世界也表現出「回歸平均數」的特性。水手深知「復原力臂」驚人的力量，也就是帆船愈傾斜，龍骨愈難使船身扶正。同樣，明天的氣溫可能比今天低，身高異於常人的人，他們的小孩不會跟父母一樣高。

投資人都希望知道未來的投資展望。展望未來的方法之

一是評估兩大變數的可能變化，也就是評估「長期利率」和「企業獲利」。為了切合實際，我們假設未來的利率和企業獲利範圍會局限在歷史上下限之間，而且通常會趨近兩者各自不同的平均數。這裡要警告大家：如果市場一直上漲，投資人評估未來展望時，通常會看後照鏡，會為未來展望假設若干上升的力量；如果行情一直走低，投資人會在展望中增加一些下跌的力量。但是明智的投資人會針對這種追漲殺跌的人性趨勢，加以調整。[1] 眾多的研究顯示，投資報酬率的歷史有三個基本特性：

1. 普通股的平均報酬率高於債券，債券的平均報酬率又高於短期貨幣市場工具。
2. 普通股每天、每月和每年實際報酬率的波動程度，高於債券報酬率的波動程度；債券實際報酬率的波動程度，又高於短期貨幣市場工具的波動程度。
3. 時間架構愈短，投資報酬率期間的平均波動程度愈高；時間架構拉長，投資報酬率期間的平均波動程度會減低。換句話說，就較長的時間架構來說，投資報

1　新千禧年即將來臨時，投資人的共識顯示：他們實際上預期未來將近13％的年度平均報酬率，會把當時強而有力的多頭市場再延長十年之久，巴菲特卻用這種直截了當的方法，顯示他為什麼預期未來的實質年度報酬率只有4％而已。他對令人愉快的共識，再度抱持懷疑態度，實在是正確之至！

酬率會顯得比較正常。

　　雖然每天和每月的報酬率幾乎都顯示本身不具有預測力量，也沒有可以預測的型態，實際上卻絕非隨機分配，報酬率回歸平均數的強大趨勢，隱藏在市場波動中，這就是投資經理人學會用正式統計名詞，藉以描述投資報酬率的原因。散戶最好熟悉統計學名詞，才能了解平均數和正常分配的意義，也才能了解兩個標準差的意義，以便衡量罕見事件預期出現和確實發生的頻率。

　　除了知道報酬率根據平均數分配的重要性之外，我們也必須知道怎麼區分平均報酬率中的不同構成因素，而且要學會怎麼去分析每一種因素。平均報酬率中，包括三個主要構成因素：

1. 無風險實質報酬率。
2. 無風險投資報酬率之上的溢價，這種溢價是要用來彌補預期通貨膨脹對購買力的侵蝕。
3. 經過通貨膨脹調整後的無風險投資報酬率之上的溢價，這種溢價是要用來彌補投資人所接受的市場風險。

　　把總報酬率分為這三種報酬率，使我們可以比較股票、債券和國庫券這些不同型態投資的報酬率。目前有一系列劃

時代的研究所做的分析，其研究結果很有啟發性。

國庫券似乎相當安全可靠──這是就名目狀態而言，不是指經過通貨膨脹調整之後，幾乎在所有年度裡，國庫券都出現明顯的正報酬率。然而，經過通貨膨脹調整後，其報酬率為正值的年度所占比率不到60%。更驚人的是，經過通貨膨脹調整後，國庫券的平均年度報酬率為0。

換句話說，國庫券通常頂多只能追平通貨膨脹，在大部分的情況下，你的確可以拿回自己的錢，這些錢的購買力安然無損，但是你的收穫也只有這些而已。實際上，你的錢沒有得到任何實際報酬，國庫券只是把你的錢歸「還給你」而已，請參閱圖10-1。

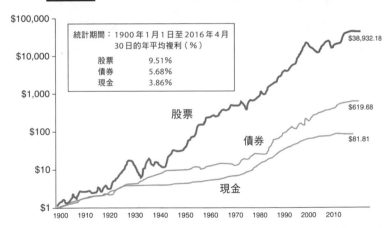

圖10-1　股票、債券和現金的長期名目報酬率累積

資料來源：美銀美林集團、花旗全球市場、普通股指數（考爾斯委員會）、全球金融資料庫、標準普爾、湯森路透資料庫

長期債券經過通貨膨脹調整後，會產生比較高的投資報酬率，原因有兩個：一是公司債有倒債的風險；二是隨著市場不斷調整價格以因應利率變化，公司債和政府公債因為到期日較遠，迫使投資人暴露在市場波動風險中。除非獲得比較高的投資報酬率做為補償，否則投資人不願意暴露在這種行情波動風險中，因此長期債券必須付出比較高的利率，這就是「到期溢價」。根據估計，到期溢價約為0.9％，高評等長期公司債倒債溢價約為0.5％。把這兩種溢價加在無風險投資報酬率中，政府長期公債經過通貨膨脹調整後，在正常市場的年度實質報酬率略高於1％，高評等長期公司債的報酬率通常接近1.5％。

股票報酬率高於債券報酬率的確很有道理，因為債券保證支付利息，而且在到期日時，會歸還全部面值。股票為了彌補沒有這種保證，就在正常報酬率中加入風險溢價，經過風險調整後的預期股票實質報酬率大約為5％至6％。

排除通貨膨脹的不利影響後，如果你以長期合理的角度評估各種收益，情形就會很清楚，投資人為自己的資金所要求的報酬，實際上極為持續一貫，這種一貫性起源於兩個主要因素：

1. 投資人有合理的一貫性，會要求較高的投資報酬率，補償他們所接受的較高市場風險。

2. 隨著評估投資報酬率的時間架構拉長，折現率變化造成的報酬率短期波動變得愈來愈不重要，而更穩定的預期股息與利息所得則變得愈來愈重要。

我們沒有希望從股票投資中，得到精確的投資報酬率資料，而且我們不能期望得到這種資料；正如我們從其他複雜、動力十足、受眾多外在大小因素影響的持續程序中取樣，得不到「正確的」資料一樣。不過我們可以得到非常有用的近似值，了解過去報酬率的實際狀況和最可能出現的情況，我們要建立長期基本投資策略時，這就是我們實際上需要的一切。

除非你在評估期一開始時買進，在評估期結束時賣出，然後讓資金完全退出市場，否則績效資料只是代表性的統計，是描述取材自長期持續過程中的樣本。在這種過程中，股價會經歷一系列「隨機漫步」過程；在這種過程中，都根據不斷修正的未來盈餘和股息預估，以及經常變化的折現率預估，得到一連串實際現值的近似值。

跟投資報酬率有關的另外兩個問題很重要。

第一，預期通貨膨脹水準對投資報酬率變化的影響很大，對幾乎等於永續投資的普通股尤其如此。預期通貨膨脹率從1960年的大約2％，上升到1980年的10％左右，這種通貨膨脹率變化（加上其他變化），使大家要求的普通股名

目平均投資報酬率，從1960年的大約9％，上升到1980年的17％左右，這種情形造成股價大幅下跌。未來報酬率降低到這種水準後，應該可以符合投資人買進股票時所要求的實質報酬率。請注意：考慮到通貨膨脹的蹂躪後，投資人在這段「調整」期間所經歷的虧損，是半個世紀以來最慘重的一次。預期通貨膨脹率下降會有相反的效果，就像我們在其後二十五年，多頭市場股價上升期間所看到的情形一樣。

第二，短期投資報酬率的差異看來可能很小。長期而言，在複利計算下（因為金融機構不但要對本金支付利息，也要對再投資的利息支付利息）會產生乘數效果，變成相當明顯的重大差異。有人問愛因斯坦，他認為人類最有力量的發現是什麼？據說他毫不猶豫回答：「複利！」

表10-2所示，是投資1美元，用不同的利率，經過長短不一的不同期間複利計算，所得到的複利效果。這張表值得仔細研究，要看出時間多麼有力，尤其要小心研究。時間是投資中「阿基米德的槓桿」，道理就在這裡。

在離開投資報酬率（令人愉快的天地）之前，我們要再看一看第九章的圖9-1，尤其要看「二十五年報酬率」的資料。這些中等幅度的實質報酬率水準（經過通貨膨脹調整後）令人印象深刻，也深具啟發性，因為股票的實質報酬率為6.6％，債券的實質報酬率為1.8％。

投資人經歷相當特別的四分之一個世紀，得到大致相當

| 表10-2 | 複利如何隨時間推移來放大1美元 |

	投資期間		
複利計算的投資報酬率	五年	十年	二十年
4%	$1.22	$1.48	$2.19
6%	1.34	1.79	2.65
8%	1.47	2.16	4.66
10%	1.61	2.59	6.73
12%	1.76	3.11	9.65
14%	1.93	3.71	13.74
16%	2.10	4.41	19.46
18%	2.29	5.23	27.39
20%	2.49	6.19	38.34

有利的投資經驗後，必須在新世紀的初年提醒自己，什麼狀況才是正常或「基本」的投資報酬率。之前四分之一個世紀的高名目投資報酬率遠高於基本報酬率——2008年的虧損極為殘酷的證明了這一點。

要注意平均值，如果股票每年創造平均10%的報酬率，過去七十五年來，股票實際上創造10%報酬率的情形有多頻繁？只有一次，就是1968年。報酬率接近這個特定數字的情形有多頻繁？只有三次，這就是投資人必須「攤平」很多年歡樂和痛苦市場時光的原因，這樣做並不容易。

下一次，當你因為多頭市場行情暴漲而覺得興奮時，請記住航空公司駕駛員眼中兩種乘客的「強烈願望」。第一種願望，是你急著前往重要會議現場，飛機卻因為天候不佳停在地面上，你不耐煩的等待著，說：「我向上帝祈禱，我們已經飛在空中。」至於第二種願望，是你在空中經歷大風暴時，說：「我向上帝祈禱，我們已經降落在地上！」

　　大部分投資人不希望武斷放棄大獲全勝的機會，不希望放棄預測「神準」的機會。如果你相信法國微生物學家巴斯德（Louis Pasteur）所說：「機會是留給準備好的人。」你就一定要做好準備，首先，要做好得不到任何機會的準備。近五十年來，在和很多世界頂尖投資人的交流中，只發現兩次許多其他人看不出來的重大機會，這種發現率等於幾乎耗費所有時間搜尋二十五年，才能碰到一次。

　　如果你發現一個重大的投資機會，你應該怎麼辦？設法問下列四個問題，然後請別人一起來評估你的推理過程：

1. 有什麼地方可能十分順利，可能性多高？
2. 有什麼地方可能出錯，可能性多高？
3. 我是否極有自信，以至於應該把自己投資組合的一大部分，投入這個機會中？
4. 如果價格下跌，我是否真的希望加碼買進？

Chapter **11**

指數化投資與風險控管

每位投資人都暴露在三種風險之中，其中一種根本無可避免；
幸好，我們還有降低特定個股與類股風險的指數型基金。

　　風險是極為簡單的字眼，但不同的人賦予風險的定義卻
是天差地別。

　　風險和不確定不同，風險描述已知預期報酬的機率與大
小。精算生命表是大家熟悉的例子，精算師不知道張三在
十四年內會發生什麼事情，卻相當清楚在一億人之中，每一
年會發生什麼事情。反之，在投資中，「風險」和不確定有
關，學術界人士探討貝他係數（相對波動性）和市場風險時，
就是表示這種意思，可惜他們沒有用正確的名詞。

　　風險存在於市場和個別投資人之中。市場風險在於價格
波動，而這往往會隨著時間推移而相互抵銷；投資人風險
（對高點欣喜若狂、過度自信，或是在可怕的市場低點感到

恐懼、恐慌）則會招致永久性傷害。許多人能相當安然因應大多數近期的市場風險，並且抵擋採取行動的衝動，因為他們知道，長期來看，更多的市場波動通常會帶來比較高的平均報酬率。但有些人不能，他們把在錯誤時間採取錯誤行動的巨大風險，強加在自己身上。

積極型投資人思考風險時，通常有四種不同的方法：

1. **價格風險**：如果你用太高的價格購買股票，可能會虧損，如果你認為一檔股票的價格可能很高，你知道自己正在冒價格風險。

2. **利率風險**：如果利率上升幅度超過原來的預期，而且已經反映在市場上，你的股票會下跌，你正在承受利率風險。

3. **企業風險**：公司可能胡搞瞎搞，獲利可能不會實現，如果是這樣，股價會下跌，這樣你就承受了企業風險。

4. **倒閉風險**：第四種風險最為極端，公司可能完全倒閉。賓州中央鐵路公司、安隆公司、世界通訊公司和拍立得公司就是這樣。專家老手會告訴你：「這才是風險！」

真正的風險很簡單，就是在真正需要錢的時候「沒有足夠的現金」，就像在沙漠裡燒光汽油一樣。顧問明智的把重點放在所有投資人，尤其是401（k）投資人應該注重的嚴重風險，也就是把錢用光，特別是在年紀太老、無法回頭工作時用光現金。

另一個看待風險的方式，出自過去半個世紀以來的大量學術研究，愈來愈多投資經理人和客戶都使用這個定義，因為沒有一個理論這麼有力，以下是這個理論的觀念：投資人暴露在三種投資風險中，其中一種風險根本無法避免，因此，投資人承受這種風險必須得到報酬。另外兩種風險可以避免甚至是消除它，投資人接受這種不必要和可以消除的風險，將永遠不會得到回報。這就是我們全都應該分散投資的原因。

不能避免的風險是**「整個市場固有的風險」**，這種市場風險潛藏在所有投資中。選擇波動性大的股票或利用融資、借貸，會增加這種風險，選擇波動性低的股票，或是在投資組合中保留部分現金等價物或債券，可以降低這種風險。但是這種風險始終存在，不能避免或消除，因此必須管理。

另外兩種可以避免或消除的風險關係密切，一種和個股風險有關，另一種和類股風險有關。第一種可以叫做**「個股風險」**（individual-stock risk），第二種可以叫做**「類股風險」**

（stock-group risk）。[1]

有些例子可以澄清類股風險的意義，「成長股」這種類股的股價會同時上漲或下跌，原因之一是投資人的信心變化，以及瞻望未來成長時，願意看得比較近還是比較遠（投資人很有信心評估成長股時，會看到很遠的未來）。「公用事業股」和「銀行股」之類的利率敏感類股，會受到預期的利率變化影響。同一種產業的股票，例如汽車、零售、電腦等類股，會出現類似的價格行為，原因是受整體產業預期的變化影響。影響類股的共同原因很多，大部分股票同時屬於好幾種不同的類股。為了避免不必要的複雜化，投資人思考時，通常會把重點放在類股風險的主要形式上。

跟類股和個股風險有關的重點是：投資人不見得要接受這些風險，這些風險可以消除。投資特定市場或類股的風險，和整體市場風險不同，可以分散到讓人幾乎忽略的程度。因此，**在一個有效率的市場上，光是承受比較高的個股或類股風險，不能也不會賺到超過市場報酬率的報酬**。只有在所提高的報酬率確實值得時，投資人才應該冒這種風險。

1　學者用略為不同的名詞，說明同樣的三種風險，他們把市場風險叫做「系統風險」，把個股風險叫做「特定風險」，把類股風險叫做「額外的市場風險」。這三種說法似乎比較清楚、比較自然。個股風險或類股風險是在評估投資報酬率的一段期間裡，個股或類股的價格行為和整個市場不同的風險——不論是有利還是不利的行為。

承受個股或類股風險，卻得不到報酬的觀念很重要，因為投資人承擔這種風險，只能期望靠著自己的高超技巧，選擇價格不相宜的個股或類股，才能得到報酬。第三章已經解釋過，投資人冒這種風險時，只能在競爭對手（如今幾乎都是專家）犯錯時才能獲利。這樣不是做出重大承諾時會讓人歡欣鼓舞的基礎。

　　幸好，我們可以利用簡單、方便的策略，投資複製大盤的指數型基金，規避這種風險。投資組合構造不偏離整體大盤，表示投資報酬率也不會偏離，而且不必冒類股或個股風險。指數型基金提供一種方便而便宜的股票投資方法，又可以分散特定市場部門和特定個股的風險。

　　請注意：消除了這兩種特定型態的風險，不表示所有風險都消除了。整體市場風險總是存在，而且就風險而言，這種風險是很大的風險。圖11-1清楚顯示：單一個股的風險，主要由個股風險和類股風險構成；但是這張圖也強調，由於典型投資組合的多元化，這兩種風險只是投資人整體風險中的一小部分。此外，圖11-1也顯示，一般指數型基金投資人的風險會更為分散，這將進一步降低特定個股和類股風險。增加持有國際指數型基金的投資人，風險會更為分散。

　　對於非常長期的投資人來說，最適當的市場風險水準是略微高於市場平均值，這很合理，原因在於大多數投資人受到限制，無法長線投資。許多人知道他們的投資會提早賣

掉，目的是為了籌募子女的教育費用，或是信託合約到期，或是因應需要制定計畫才能應付的近期到中期大事。其他投資人根本無法用鎮定、自制的態度，看待股票投資組合在很長一段期間內，一定會經歷的逐日、逐月和逐年的股價變化，這些投資人希望降低風險和波動，樂於藉著放棄一些額外報酬率的方式，付出代價得到他們想得到的東西。

 **圖11-1** 分散投資降低非市場風險的程度

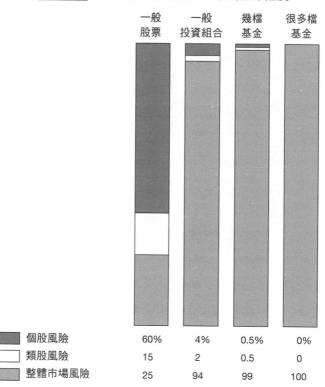

	一般股票	一般投資組合	幾檔基金	很多檔基金
個股風險	60%	4%	0.5%	0%
類股風險	15	2	0.5	0
整體市場風險	25	94	99	100

簡單的說，股票投資人的總報酬包括四種成分：

1. 抵銷預期通貨膨脹後的無風險報酬。
2. 彌補投資股市的風險和價格變動的額外報酬。
3. 投資一種以上類股或市場部門，可能因為各種經濟、商業或市場心理，導致類股表現跟大盤不同步的潛在額外報酬。
4. 投資個股，可能因為相同原因，以致個股表現與大盤不同的額外潛在超額報酬。

和每一種報酬成分相對應的是風險成分。我們現在知道，在投資管理中，最重要的因素不是如何管理投資報酬率，而是**「如何管理市場風險」**。我們靠著市場風險，同時完成下列兩件事情：

1. 慎重決定建立什麼水準的市場風險，以做為投資組合的基本政策。
2. 始終堅持自己選定的市場風險水準，熬過市場的美好時光和差勁時光。

只有在投資人的長期目標改變後，市場風險水準才應該改變。「管理市場風險」是投資管理的首要目標，這是影響

深遠的主張，而且是本章的核心理念。投資組合得到的投資報酬率來自三方面，依據重要性排列，最重要的一種是投資組合承受或避免的市場風險水準；其次，是經歷多次市場循環，維持風險水準一貫性得到的報酬；最後一種是利用技巧，透過投資組合的分散投資，消除或盡量降低個股或類股風險。

真正投資風險和表面風險或市場風險的差別，在於時間的作用。是的，如果時間很短，股票可能有很高的風險。除非你是在股價「高得離譜」的時候開始投資，否則只要時間夠長，股票的表面風險就會消失，有利的長期報酬會逐漸顯現出來，**換句話說，如果你不能確定目前市場正處於低谷，最好利用平均成本投資法（定期定額投資），隨著時間逐漸把資金投下去。**

對投資人而言，投資風險可以依據時間，分成短期風險和長期風險。短期的真正風險是：投資人在市場正好處在低檔時需要賣出持股，以便籌措現金。這就是為什麼長期而言，股票的風險顯然最低；就短期而言，股票的風險顯然也最高的原因。

大部分投資人沒有準備好要面對的一種風險，是股市要花多少時間，才能回升到天價水準。有一件事情值得你記住：標準普爾500股價指數花了十六年的時間，才回升到1966年的天價水準，甚至花了更長的時間，才回升到1929

年的天價水準。但是如果你不需要賣出股票，也不賣出股票，其實你不應該太擔心股價的名目波動。股價波動可能很有意思，但是波動跟你的關係，比遠地的暴風雨天氣或大海中的低潮還要少。

因為真正的長期風險，是他們的反應所創造不必要的風險。對承擔短期市場風險的投資人來說，最好的因應之道就是「忽略短期波動」，做有耐心、持續、長線的投資人。一旦鎮定的看待正常市場、長期平均值或正常的報酬率波動性，「風險忍受度」（risk tolerance）[2]對我們來說就顯得毫無意義。唯有當我們受到市場走極端時的真正憂慮逼迫，尤其是在我們最近再度犯錯之後，風險忍受度可以校準我們的行為。如果你知道自己的投資會持有一段很長的期間，等於你自動投了自我保險，可以對抗短期行情波動的不確定性。只要你維持投資，市場先生製造的一時價格波動，並不會對你造成嚴重傷害。

知道投資報酬率是由風險帶來的，而且不是奮力追求較高投資報酬率帶來的副產品後，改變了我們投資政策的觀念。我們現在知道，應該重視的不是投資報酬率，反而是了解實際資訊之後的風險管理。

2　意指投資人願意在投資中承受多大的風險。投資人可考慮風險忍受度，以做為如何將資產分散投資的依據。

Chapter 12

建立防禦性投資組合

長期投資成功最大的祕訣是避免嚴重虧損，
而股票與債券的投資，其本質應該是一種防禦性的過程。

　　長久以來，投資管理的本質是藝術還是科學，一直是專業經理人非正式討論時偏愛的話題，原因可能是討論通常都用相當愉快的方式結束，顯示投資管理的運作顯然不是科學，一定是藝術。

　　凡是觀察過天才投資人運作的人，都會承認選擇個股或類股時具有藝術成分，包括細緻、直覺、複雜和幾乎難以解釋的性質等。這一行中的少數偉大藝術家是真正的英雄，他們靠著看出和掌握別人錯過或後來才看出來的機會，為他們的投資組合增加價值。

　　但是，對大多數投資經理人而言，管理投資組合既不是藝術也不是科學，而是罕見的難題。工程學中的重大教訓

是：找到解決之道的關鍵，是正確定義真正的問題。當你正確定義問題後，找到正確解決之道就相去不遠了。投資組合管理就是投資工程——在資訊不充分或錯誤，以致情勢相當不確定或可能性頗高，又不斷變動的世界中，完全透過個人不精確的濾鏡解讀，在一套政策限制下，判定有什麼最可靠而有效的方法，可以達成特定目標。

近年來，資訊流通和電腦功能又有進一步的突破，現代投資組合理論也有長足的發展，提供投資經理人與在這方面不陌生的客戶，能夠了解和界定投資問題，以便加以管理，達成「現有最好的」解決之道（認為投資組合的管理問題可以「解決」，的確是過於天真的想法）。

就像我在第十一章所解釋的，我們現在知道，投資組合的真正挑戰，想必不是如何藉著低買高賣來提高投資報酬率，而是如何慎重接受適當的市場風險水準，以得到較高的長期報酬率。

良好的投資組合設計，會消除可以避免和無意中出現的風險，同時根據慎重選擇的市場風險水準，盡量擴大預期的投資報酬率。這產生了「高效」投資組合，其預期報酬率高於風險相同的任何其他可行投資組合，但風險低於預期報酬率相同的任何其他可行投資組合。

根據適合特定投資人的市場風險水準，建立有效的投資組合後，再承受個股或類股風險就沒有道理，除非此類風險

跟特定機會直接相關，能夠得到重大的額外報酬。

投資在價格波動幅度稍高的股票中，增加的市場風險和報酬率的確並不可觀，但是長期而言，冒這種風險得到的利益可能很值得（我們可以建立一種投資組合，接受比全市場平均風險高20％的市場風險；遠高於這種風險水準的投資組合，又要求足夠的分散投資程度，這會難以設計。股市目前提供的股票檔數和種類，根本無法讓投資人達成分散程度良好，又提供上述較高水準市場風險的目標）。

到目前為止，我們的討論專注在股票投資上，債券投資組合的管理在細節上跟股票不同，但是主要觀念大致相同。債券像股票一樣，也有應該分散的個別風險和整個類別風險，例如就一整類而言，一家特定產業公司發行的債券，會因為該產業的經濟面出現重大變化而改變價值。[1]具有強制贖回或換債特性的債券，會隨著整體市場的相對歡迎程度，出現漲跌的現象。公司債和政府公債之間的殖利率正常差距（與因此而形成的價格差距）一出現變化，會造成整體公司債和政府公債之間的差價擴大或縮小。

債券評等機構發現，他們大部分評等錯誤的起因，是由評估群組風險固有潛在困難性造成的，而不是由評估相同產業或類別特定發行人和其他發行人相比的個別風險造成。可

1　2008年抵押債券的慘烈崩盤便是一個痛苦例證。

嘆的是，2008年時，這種情形再度獲得證明，當時由次級房貸支持的新發行債券獲得AAA的最高評等。評等機構在一整類債券風險上，犯了嚴重的系統性錯誤，導致過於依賴穆迪公司和標準普爾公司評等的投資人損失慘重（信用評等機構過去就犯過很多評等錯誤，最早是在1920年代，給予街道火車公司AAA的評等，後來幾乎所有同類型的公司，都在大家改開汽車之後破產）。

債券投資組合管理在觀念上，一開始是用代表整個債券的消極投資組合做為起點。這種基本投資組合會分散投資到很多類別和個別的債券上，以此對抗個別債券或類別債券發行人的信用風險。而這種投資組合會應用到期日平均分散的日程，以便對抗利率走勢的不利變化。

歷史證據顯示，債券像股票一樣，可以靠著分散投資，大幅消除個別債券的風險，結果由中低評等債券構成的投資組合，扣除倒債的實際損失後，長期而言，提供的淨報酬仍高於由較高評等債券構成的投資組合。因此，能夠直接拿到絕佳專用信用評等研究報告的投資組合經理人，可以把重點放在低級評等債券的定價錯誤上，提高經過風險調整後的報酬率。

散戶投資人絕對不應該購買個別公司發行的公司債。 在債券投資中，為了確保你能收回資金，分散投資是絕對必要的做法。幸好現在市場上已經有各類管理良好的債券型基

金——有些基金的成本很低。決定你的總體投資成果最有力的因素，是你要在債券上投資多少錢，或是要不要投資債券，而不是你應該投資哪些特定債券。

就像幾百年前發明保險，帆船時代的航運業集中風險帳戶、共同承擔風險時的受託人一樣，共同基金經理人和所有投資專家的基本責任是防止意外，控制投資組合風險，慎重追求明智又清楚的長期投資目標。大多數積極型投資人認為，自己的投資屬於果斷和攻擊性的投資，但以今日的現實狀況來說，**股票和債券投資基本上應該都是防禦性的過程。**

長期投資成功最大的祕訣，是避免嚴重的虧損。漫長投資歷史中最悲慘的章節，講述了投資人過於勇猛且貪心，因而遭致嚴重虧損的故事。總之，造成自我毀滅的情形太常見了，投資人應該記住，自己決定長期投資策略時，要記得最大化和最佳化之間有著重大差異。

神話中的「鳥人」伊卡魯斯（Icarus）[2]是追求最大化的人；歷史上很多「企圖建立財富王國卻遭到摧毀的人」也一樣，他們就像名劇《哈姆雷特》中那倒楣的御前大臣[3]一樣，最後都作法自斃。

2　希臘神話人物，他綁上父親做的蠟製翅膀逃離克里特島時，由於沉浸在飛翔的喜悅中，忘了該遠離太陽，最後蠟製翅膀被陽光熔化，墜海而亡。

3　戲劇中的叔叔克勞地（Claudius）謀害國王，並娶了國王的遺孀，王子哈姆雷特便計劃向叔叔報復。國王的御前大臣波隆尼爾（Polonius）暗中監視哈姆雷特，卻不幸被哈姆雷特誤認為是克勞地，因而被一劍刺死。

Chapter 13

看清財務資金的全貌

思考大局全貌會讓人在股票上投資更多，
而且長期下來，賺到的總報酬率會大幅勝過其他資產。

　　就像我們從經濟學概論所學到——金錢是可以取代的。
但多數投資人卻將自己的投資組合，想像為有別於其他資
產、獨立存在的實體。這是一大錯誤，因為錯誤的思考框架
肯定會在證券市場波動時，導致不必要的擔心，也會讓人因
為沒有看到財務全貌而問錯問題，得到錯誤的答案，然後做
出錯誤的決定。

　　舉例來說，傳統看法認為，我們應該投資債券保障老年
生活，但是那樣明智嗎？一個三十歲的企管碩士，真的要將
投資組合的30％都放在債券嗎？如果重新組織問題，納入
她最大的財務現況——未來三十五至四十五年的勞動所得現

值[1]，答案就不是如此。

那麼，她現在應該怎樣看待預期的未來所得呢？稍微花點心思，就能合理估算出最有可能的所得級數（她可以找公司的人力資源部、商學院或是高階人才獵頭公司查證）。接著，就能將每年預期收入流轉換為淨現值。

不用多想，我們就能知道她一看到數字後會說的話：「哇！好多啊！我的天！」（但這忽略了她可能獲得股票選擇權、紅利，或是拿積蓄投資賺取更多回報。同時也遺漏養老金或退休金制度〔401（k）〕及社會安全保險）。[2]她的未來薪資收入若當成資產，淨現值將超過現有的投資組合。

她的「全貌」投資組合的各種資產，會承載未來收入的資本化價值，而且占總財務組合的95％以上。所以，為什麼還要為老年生活投資在更多債券上？當然不用！她的證券投資組合至少應該100％聚焦在股票上（她的全股票投資組合若利用適度的保證金槓桿，甚至可以超過100％）。

久而久之，她的全貌投資組合其他組成分子將漸趨重要。舉例來說，她極可能擁有一間不錯的房子。如果她從整

1　等她到了六十五歲，這個年紀退休已不是社會常態，而且她可能跟我一樣想繼續工作，因為工作太有趣了。

2　有些顧問會建議持有一些債券，讓投資組合「穩定平衡」。這對某些投資人來說，或許是明智的做法，但我們應該體認到一個現實：債券的投資報酬率較低，可能就是為「焦慮保險」付出的高成本。花更多時間與心力了解市場、並學習如何與波動起伏共處，或許代價較低。

體大局考慮，就會將房子及未來收入的淨現值納入，而不會做出錯誤的考量，將證券投資組合獨立於其他現在與未來的資產之外。此外，當股票上下起伏時，她會聰明的試著通盤考慮財務全貌，這全貌的變化遠不及股票投資的部分。因此，她不需要像那些將資產劃分成各種小區塊的同伴一樣擔憂，也不必太煩惱全貌其中一部分的表現起伏相對較大。她很可能不需要靠擁有債券來達到「平衡」。長期下來，思考大局全貌會讓人在股票上投資更多，而且——更長期下來，也許是半個世紀——賺到的總報酬率會高出更多。

全貌投資組合包括資本化的社會安全保險[3]，以及養老金或退休金的價值。這些資產肯定是整體財務組合的一部分，人人都應該從整體來看待它（如果她預料會繼承遺產，那在通盤考慮整體財務狀況與計畫時，也應該加以確認）。

---

3 那些接近「退休範圍」的人，會聰明的仔細考慮財務管理全貌的另一個部分——七十歲之前不申請社會福利保險的可觀利益。繼續工作也可能有非常強大的財務優勢。

Chapter 14

寫下你的投資策略

當你身邊所有人都受到感性驅策時，
千萬別相信你自己會完全理性，因為你也是人。

我們都應該清楚說明自己的長期投資策略，而且要用書
面寫下來，這麼做的主要原因，是要保護自己的投資組合不
受到我們的傷害。在市場先生再度行為不端，導致當前市場
極度低迷，並讓我們的長期投資策略突然陷入疑慮時，紀律
能幫助我們堅持自己的長期計畫。投資時所犯的小錯，幾乎
全都是因為我們對自己短期情感的內心領域了解不足，就對
資本市場或特定投資（或兩者兼有）外在領域的突然變化做
出反應。

投資策略模模糊糊、不清不楚的情形太常見了，也經常
會在市場低迷到了罕見的程度時，形成沉重壓力，促使投資
人倉促解決。我們太容易在錯誤的時機，根據錯誤的理由做

出錯誤的決定。這種匆忙的決定會導致投資人在股票價值已經暴跌之後賣出股票，然後錯過了股市後來的回升；反之亦然，就是在市場接近頭部的時候買進股票。這種在錯誤時機改變資產組合的做法，一直嚴重傷害投資人的長期報酬率。

科技已經改變了投資，雖然沒有像GPS科技完全改變了導航，但拜新科技之賜，投資經理人在眾多可行的成果之間，幾乎可以預期任何特定投資組合「與市場相關」的風險水準。投資人現在有完整的權利，期待得到符合自己的合理風險期望與投資經理人的能力。有了操作方便的指數化投資，投資人可以把精神放在發展長期策略，隨著時間推移，達成符合每位投資人對短期市場風險忍受度的特定目標。

要對抗市場先生短期挑釁的破壞，最好的盾牌是知識與了解，尤其是你對自己的知識、目標和優先事項的掌握程度有多少——這就是你應該將慎思明辨後所決定的投資策略，寫成文字的原因。當你身邊所有人都受到感性驅策時，別相信你自己會完全理性，因為你也是人。身為投資人，當你想要的成果是透過遵守符合你目標的長期策略來獲得時，那麼你就是贏家。

理論上，我們都知道股價較低時，最符合我們的長期利益——這樣大家都可以在低價時多買股票。但是我們當中，有誰對於股市下跌會覺得歡欣鼓舞呢？有誰可以說自己對於股票和股市上漲，不會覺得興致盎然呢？即使我們知道，這

表示我們要用比較高的價格購買股票，而且以這種較高價位額外加碼的投資，未來的投資報酬率一定會比較低，但我們難道不是依然這樣做嗎？

相形之下，要是有一家商店，把最有吸引力的產品，用比市價便宜一成、兩成甚至三成的折扣拍賣，我們當中有誰能夠收起皮夾，離開這家店？我們沒有一個人會說：「這些東西在打折時我不想買，我要等到價格回升時再買。」但是大部分人從事投資時，正好實際表現出這樣的投資行為。

行情下跌，股票跌到「跳樓拍賣」的價位時，我們卻停止買進；事實上，紀錄顯示，我們甚至加入賣股票的行列。行情上漲時，我們愈來愈熱中買進。就像市場專家傑森·茲威格所說：「如果我們買股票時，像買襪子一樣東挑西選，我們會有錢許多。」我們對股價上漲覺得滿意，其實是錯了；對股價下跌覺得難過，其實也錯了。因此，我們應該不斷提醒自己：行情下跌正是逢低買進的時機。

心理學家研究焦慮和恐懼後，發現有四種特性，使人們對於某種風險的擔心程度，超過實際上應有的程度，這四種特性是：規模龐大的後果、個人缺乏控制或影響力、不熟悉，以及事情突然發生。其結果就是：我們比較擔心空中旅行，比較不擔心汽車旅行，但是在正常的年度裡，美國一年因為空中旅行而死亡的人數不到三十人，受傷人數遠低於三百五十人；因為車禍而死亡的人數每年卻高達四萬五千

人，重傷人數遠超過三十五萬人。

投資組合的價值突然出現龐大的損失，會讓大部分投資人深感焦慮，主要原因在於投資人事前並不知道，這種事情是市場偶爾表現出來的一部分行為。長期研究和了解股票市場的人，都會預期這種嚴重的虧損，甚至會認為嚴重虧損是再正常不過的事情。

這樣的行情跌勢是可以預測的──當然不是指這種跌勢發生的時機可以預測，而是指可能暴跌的規模和突發的性質可以被預測。難怪沒有研究市場歷史的人會焦慮不安。在市場近期表現最惡劣、最令人焦慮的期間，投資人容易讓短期的恐懼，壓倒最佳長期投資策略應該秉持的冷靜理性。

投資人可能淹沒在經濟學家和股票分析師的書面報告中，淹沒在跟市場交易有關的電話和電子郵件中，受到當前情勢急迫性的影響，也淹沒在別人可能有的想法和做法中。投資人過度注意目前的事情，結果不但產生「集體思考」錯誤，也會使注意力失焦，無法注意到成功投資的長期性質。

投資人必須保護自己，不讓自己偏向不切實際的希望和不必要的恐懼等人性的影響，這種希望和恐懼是由市場暴漲暴跌、令人情緒激動的經驗所引發，也是由促使市場暴漲暴跌的當前意見所引發，這種情形可以理解。對投資市場真正本質沒有充分了解的投資人會大感驚訝，嚴重且突然的風暴（像是2008年全球金融界碰到的危機）幾乎使每個人都大吃

一驚。而投資人驚嚇的集體反應，反過來幾乎使每個人手足無措，這就是造成恐慌的原因。

我們可以大幅改善本身長期投資組合的報酬率，方法是確定自己盡可能了解投資組合所處環境的實際狀況。要培養對市場基本性質，尤其是對極端市場狀況基本性質的了解，成本最低的方法是周詳、客觀的研究過去。這是研究過去數十年的市場投資報酬率和背離平均數型態，會得到好處的原因，你應該完全了解市場會如此波動的可能原因。

身為投資人，研究投資歷史，會比研究現在的市場活動或未來評估還更有價值，我們不要陷入美國小說家桑塔亞納（George Santayana）所說：「不能從歷史汲取教訓，注定會重蹈覆轍。」你還是應該到附近的圖書館，閱讀1973、1987、1962、1928至1929、1957、2000和2008年報章雜誌的財經版。就像棒球名人尤吉‧貝拉（Yogi Berra）說的：「這一切真的是似曾相識。」市場總是這樣，似乎總會讓人驚訝，雖然每一個市場的細節都不同，但是市場的主要特性極為重複的類似。

唯有了解投資和資本市場的本質，你才能跳脫目前這種矛盾，也就是跳脫花太多注意力在日常的市場動向，太少專注於真正重要的發展工作上，沒有規劃和遵守明智而適當的投資策略與做法——這些方法長期來看，能為你帶來勝過大多數投資人的良好績效。

Chapter **15**

檢驗你的投資策略

每隔兩到三年,就應該對建立投資策略的關鍵因素,
進行適當且有系統的檢討。

　　贏家遊戲對所有投資人開放,因此每一位投資人都可能
變成真正的贏家——而這種遊戲幾乎可以說很容易,但也只
是幾乎而已。成功的第一個祕訣是:每一位投資人必須不理
會「打敗大盤」的宣傳,不理會跟市場先生密切勾結的券商、
積極管理型共同基金,以及股市大師發行的投資雜誌等大量
廣告宣傳。

　　成功的第二個祕訣是:每一位投資人必須為自己決定,
長期來看什麼投資策略最可能創造自己最希望達成的特定成
果。贏得勝利的投資人不是彼此互相競爭,而是跟自己競
爭,即使市場先生操弄震盪起伏的手段來攪局,他們是否仍
然能維持「始終如一」?投資策略是你的長期投資目標,和

Chapter 15　檢驗你的投資策略　　163

日常投資營運工作之間明確的聯結。如果你沒有細心培養對投資策略的了解，策略就會由即興或「臨時編組」來決定。

大多數投資人都會認為，投資是巨大而複雜的綜合活動，但若把投資分解為「每位投資人能做到」的五種不同決策層次，似乎很容易，也很值得：

- **第一層**——決定你的長期目標和你的資產配置比率：決定要達成你的目標所需要的股票、債券和其他資產的最適配置比率。
- **第二層**——決定不同類別股票的配置比率：決定成長股與價值股、大型股與小型股、國內股票與國際股票的正確配置比率。債券也是一樣（如果你擁有龐大的投資組合，可以對每種主要資產類別中的次類別，做出相同的決定）。
- **第三層**——選擇積極型管理或指數化投資，實施你的投資策略組合。如我們所見，對大多數投資人來說，指數型基金將是最好的長期選擇。
- **第四層**——決定由哪些基金或經理人掌管你整個投資組合的每個組成部分（可惜的是，大部分投資人把大多數時間和精力都放在這上面）。
- **第五層**——選擇特定的股票，進行買賣交易。

在第一層針對長期目標和資產配置，做出大致正確的決定，是成本最低、最有價值的決定。而最後兩層，也就是選擇特定的經理人並買賣特定股票，是成本最昂貴、最不可能增加價值的決定（此外，更加努力也會造成高出很多的稅負和操作成本）。

在輸家遊戲中，最諷刺的是：第五層是市場先生最喜歡的地方，因為操作成本高昂，得到的報酬微小。但是這一層行動的興奮和獲勝的機會，卻經常讓我們眼花繚亂、目眩神迷。更糟糕的是，尋找打敗大盤方法的做法會使我們分心，不能專注在成本很低、報酬可能很大——甚至非常大——的第一層上面。

因為任何資產配置幾乎都可以靠著低成本的指數型基金建立，所以考慮利用積極型管理的投資人應該訂定目標，以便判定未來實際增加的報酬率——不是聽信投資經理人的口頭承諾而已——能充分證明選擇積極型經理人所承擔的額外成本與風險，確實值得（關於這部分，請參閱第二十一章有關「基金管理費」的討論）。

如果你不想利用指數型基金，希望選擇建立投資組合時刻意和大盤走勢不同的積極型投資經理人，你必須花時間清楚了解，他要用什麼方法使他的投資組合和大盤有所區隔（不論是大量下注在少數股票上，還是偏愛特定類股），你要了解他什麼時候會這樣做（不論是當成長期持續策略的一

環，還是偶爾當成短期的戰術），最重要的是，要了解他為什麼這麼有信心，認為靠著採取這些行動，就會創造有利的額外成果。**如果你考慮以散戶投資人的身分，自行做這些極為困難的決定，請你三思而後行。在今天這所磨練極為艱苦的投資學校裡，學費高昂而好處甚少。**

我們已經知道，要給其他的投資組合找到適當的投資目標，最重要的單一因素是時間。關鍵是時間的長度，投資組合依附在時間上，你才能堅持執行可以永續維持的投資策略。你以自己的目標和策略為標準，耐心評估投資成果時，也是以時間長度為標準。

很多投資人明智的希望保留現金儲備，做為經常開支之用——也就是「未雨綢繆的準備金」，以便把自己的經常性支出跟長期投資組合區隔開來，這樣他們就可以維持長期投資的承諾，為自己創造出長期優勢。投資人應該慎重決定這種專用準備金的金額，不能讓準備金影響更大的長期投資組合。儘管你可能希望準備金具有很高的流動性，但投資組合中的現金部位應該盡量降低，而且最好降為零。

本書在探討投資策略時，把你的個人收益需求因素排除在外，原因是投資報酬率不可能光是因為你希望有更多的錢可以花用，就能提高。有些人認為投資目標可以（甚至應該）根據自己每年想要花多少錢為標準，訂定投資目標，這樣的想法很愚蠢。有時候，這種想法會出現在退休基金中，而且

退休基金還會列出精算過的投資報酬率，做為投資管理「方針」。有時候，大學校長的腦海裡會出現這種想法，他們會堅持要求從校產基金中得到較高的收益，以便彌補學校日常運作中出現的赤字。有時候，個人會設法逼迫自己的退休基金提供收益，讓他們預約退休基金的支持能力，過著比較奢侈的生活方式。

不管是哪一種情形，這樣做都沒有道理。花錢的決定不該影響投資決定，應該正好相反。花錢的決定大致上應該受投資成果規範──投資成果來自投資策略和市場報酬率。因為坦白說，市場根本不會理會你的花錢欲望。

或許你可以不時（大概每隔兩、三年）對自己的整體資源、花費目標、市場經驗、風險忍受度和投資時間架構──建立投資策略的所有關鍵因素，進行適當而有系統的檢討。

以下便是針對檢討投資策略時的幾項簡單要點：

1. 投資策略一旦實施，能否達到你的長期投資目標？
2. 投資策略是否極為清楚、明確的寫下來，連能幹的生手都可以明確遵循你的真正意願，去管理這個投資組合？
3. 若遇到過去五十年來令人最不安的市場（包括2008年），你還能不能堅持自己的投資策略？
4. 投資策略是否經過務實的設計，符合你這位長期投資

人真正的需要和目標？

　　所有健全的投資策略都會符合上述所有的檢驗標準，而你的投資策略也是這樣嗎？

Chapter 16

績效評比的原則與應用

績效評比的目的，是要判定你目前的投資組合，
在實際操作上是否符合你的長期政策。

　　如果你接受下述的明確觀點，你就理解了投資績效統計
最重要的特性，這些特性也是你最需要了解的──如果有很
多人參與一場擲硬幣比賽，你可以非常有信心的預言以下兩
種結果：

1. 長遠來看，擲硬幣出現正面或反面的機率都是50％。
2. 然而短期來看，擲硬幣的人擲出正面或反面的機率，
   似乎會略高於平均值，但是「遠高於平均值」的人非
   常少。

　　如果我們檢查紀錄，每個人擲硬幣的資料一定清楚而客

觀，但是我們很清楚，不至於認為在擲硬幣這件事上，過去的結果可以當成預測未來結果的良好依據。每個人擲硬幣的情形早晚會變得愈來愈平均。統計學家把這種有力卻常見的現象，叫做「回歸平均數」。了解回歸平均數的決定性力量，是深入了解投資績效報告的關鍵。

那正是挑戰之處。投資技能不像其他競技活動（例如象棋、西洋棋），因為過程非常複雜，並且涉及許多只能估計的不同變數，所以很難被衡量。投資管理是個連續過程，需要花費很長的時間進行評估，具體的投資問題會隨著公司的變化與行業以多種不同方式發展，因而每天都不相同。由於經濟、政府、市場環境逐年不同，其他投資人的競爭也跟著改變。與此同時，每位投資經理人都會變老，而公司會累積資產管理、增減人員、使用新技術、更改所有權等。等到我們合理肯定一位經理人技巧高超時，他很可能已發生重大的變化。由於投資幾乎沒有穩定性可言，需要大量的經驗才能達到合理而真實的準確性，這樣做勢必要花很長的時間。

量化專家巴爾·羅森柏格（Barr Rosenberg）經過細心的統計分析後估計，即使要確實證明每年2%的大額增量報酬率（這非常巨大，很少看到超過10%基準利率的20%增長），是由優異的投資管理技巧造成（而不是運氣），都需要花七十年去觀察（大多數基金廣告中引用的「績效」統計數字，經常都是從最異常、複雜、動態、連續的過程中，取出

只有幾年的短期樣本）。投資組合中的股票和債券成分經常改變，企業和企業經營的業務也總是在改變，影響股價最厲害的因素，包括恐懼、貪婪、通貨膨脹、政治、經濟消息、企業獲利、投資人的期望，以及許多其他因素等，這些變化從來沒有停止過。

在典型的十二個月內，大約有40％的共同基金能擊敗大盤（即使加上稅負，也有30％以上能成功）。但是，這些基金能不能在接下來十年、二十年或更長的時間裡，一次又一次成功呢？歷史資料表明：「不，不見得。」

身為投資人，你將有很長的時間在投資。你知道更換經理人是出了名的充滿成本與風險，因此若是能行，你會希望與卓越的經理人一直合作。但歷史的教訓是，厲害的積極型經理人，鮮少能夠長期保持卓越績效。

只要你的投資組合沒有全部變現，這一套多方、劇烈的變化力量會持續發揮影響。在這種程序停止、投資組合清算之前，都不會有真正或最後的「成果」。

這裡要警告大家的是：績效評比在你最需要時最沒用，在你最不需要時卻可能最有效。能即時為共同基金績效評估提供依據的績效數據，根據的樣本不是數量太少，就是期間太短，無法提供足夠的資料，進行精確、客觀的評估。根據比較長期所做的績效成果精確性比較高，時效性卻不夠，不能及時幫助當前的決策。等到績效資料好到足以讓投資人能

信心十足的採取行動時，最佳行動時機早就已經過去了。

　　至少在短期內，投資績效評比的意義跟表面上的意義不同。績效評比公司報告的不是「成果」，而是統計估計。通常績效評比機構（在一段特定期間使用兩位小數的「精確度」報告）的投資報酬率看起來幾乎準確得無微不至：「**在6月30日截止的十二個月內，A經理人創造的報酬率為7.53%。**」如此明確的敘述，使績效數字具有合理性，但不應該是這樣的。事實上，這些數字只是一長串系列投資報酬率的小採樣，而不是評比。

　　葛萊欣法則（Gresham's Law）「劣幣驅逐良幣」的情況很容易出現，投資經理人會跟投資人一樣，沉迷於短期績效，以至於忘了深思熟慮，考慮長期投資的做法和目標。績效評比用這麼精確的方式，說明最近的短期報酬率，可能會影響我們的想法，讓我們相信短期具有意義，長期會與短期類似。但這種事情幾乎從來沒有出現過，這就是市場先生專長的短期思考，也是長期投資成功的死敵。

　　大家在漫長時間的系列資料（例如投資成果和擲硬幣）所看到的型態中，「回歸平均數」是核心事實。在過去曾經創造有利投資績效的積極型經理人，卻經常——並非總是如此，但頻率實在太高——創造低於平均值的成果。為什麼？因為回歸平均數！從表面上看來優異的績效中，有一大部分不是出於將來可以繼續創造優異成果的高明技巧，而是某個

類股暫時享有高於平均值的報酬率，或是經理人運氣比較好。

當浪潮改變時，把積極型基金經理人推上浪頭的類股，現在可能轉而在壓抑他，因為共同基金經理人的成果，總是經常回歸平均數，這是原因之一。另一個原因是：這一行中極為精通本業的投資專家極多，經理人很難持續在價格發現上擊敗群雄（表現卓越的關鍵），因為群雄中充滿了消息靈通、全力競爭、紀律良好的專家，在相同的資訊科技與約束下，進行著相同的操作。

積極型經理人的長期績效資料，幾乎總會有「生存者偏差」或「新設公司」偏差。就如我們在第十章所見，這兩種偏差加在一起，能產生足以瞞天過海的扭曲。如果因為業績不理想而將經理人從紀錄中刪除（或關閉績效不佳的基金），就會出現生存者偏差。刪除不良表現，人為提升或增加整體平均值，會讓相信「數字不會騙人」的投資人上當。

造成偏見的一個相關原因是，新共同基金會集體「誕生」（借用業界的術語）幾年，然後那些良好表現會被當做新的投資「機會」向大眾展示。當這些新基金與其他基金混入整體紀錄時，計算出的平均績效再次得到提升，接著讓投資人

1　意指當取得資訊的管道，僅來自於倖存者時，此資訊可能存在與實際情況不同的偏差。這種情況常見於投資理財節目和文章，例如理財節目邀請投資專家上節目分享成功經驗，觀眾會將這位專家的做法，視為高成功率的方式，但觀眾不會知道，某些投資人以相同方式投資，卻以失敗收場。

再次上當。

　　請注意：買家要自行負責。這兩種偏差可能輕易把年度績效盡量提高達 1%（甚至更多），而且這兩種偏差產生的扭曲，通常等於（且經常超過）經過精心選擇的經理人的表面優異程度。與此同時，廣告會宣揚擁有最佳紀錄的基金，因此投資人最常聽到的是：（到目前為止）最成功的基金。

　　此外，就像任何系列統計資料一樣，起點可能是重要的。很多最讓人驚嘆、「蔚為奇觀」的投資績效圖，只要在顯示期間的起點或結束的地方，加上或減去一、兩年，就會變得相當平凡。投資人應該要拿到全部的紀錄──不要只看經過別人精挑細選的摘要。

　　對於利用績效評比的人來說，大問題是分辨三種經常混在一起，但其實大不相同的因素：

　　第一個因素是「採樣錯誤」，也就是統計不能等於事實的可能性。任何樣本都會有不精確或不確定的地方，在投資績效的資料中，採樣錯誤是指在一個特定期間的一個特定投資組合，採樣和經理人的績效相比，不公平和不具代表性的程度高低。

　　第二個因素是可能性，意指在基金評比期間，市場狀況可能出現有利或不利特定投資經理人的投資方式。例如過去幾十年來，小型股基金經歷過非常有利的市場環境，也經歷過非常不利的市場環境。因此在某些年度，小型股基金的表

現勝過實際的績效；在其他年度，表現卻不如實際應有的成果。

第三個因素，則是投資經理人的技巧（或缺乏技巧）。這點是很多客戶和經理人最希望評比的部分。但這裡有一個困難：在很短的期間內，採樣錯誤對於所申報成績的影響，通常遠比經理人技巧的影響大多了。

前面說過，要知道表面上優異的成果是反映經理人的技巧，或者只是出於運氣好，必須評比幾十年的績效資料，等到你收集夠多的資料，能判定你的基金經理人是技巧高超或運氣好，已經錯過決定的時機（而且你們兩人當中，很可能至少有一個人已福壽全歸了）。

表16-1顯示了回歸平均數在投資中的力量。圖中的每一行資料，是前一年依報酬率分為四等的經理人，在其後三

| 表16-1 經理人後續的報酬率 | | | |

經理人後續三年的四等表現

報酬率排名	最佳 四分之一	次佳 四分之一	次差 四分之一	最差 四分之一
最佳四分之一	29.2%	16.2%	15.0%	20.6%
次佳四分之一	16.6%	24.8%	22.3%	15.3%
次差四分之一	14.7%	20.0%	22.8%	16.0%
最差四分之一	15.1%	14.9%	15.3%	22.6%

個年度創造的投資報酬率。只要大略查看資料，就會發現他們的績效幾乎是隨機的──過往績效無法預測未來績效。

仔細看看表16-1中的資料，你很快就會發現這看不出什麼名堂，在扣除管理費後，其中沒有型態存在。就像大偵探福爾摩斯故事裡那隻不叫的狗一樣，這種沒有型態的情況就是型態；就像美國作家葛楚德・史坦（Gertrude Stein）有一次反對到加州奧克蘭訪問時所說的話：「那裡沒有東西。」

大部分散戶都知道共同基金的績效評等，是由投資研究機構晨星公司所提供，但晨星一到五星的評等，只報告基金過去的績效。雖然該機構坦言，自己的星級評等幾乎毫無預測力量，但是共同基金的新募集的資金，百分之百是流入最近獲得四星和五星的基金（我們也看到很多廣告吹噓這種高評等）。對投資人來說，這種情形實在太糟糕了，因為細心的研究斷定：「沒有什麼統計證據，能證明晨星公司最高評等的基金，績效勝過中等評等的基金。」的確如此，晨星公司每年發布評等報告之後幾個月內，五星基金的獲利通常都不到大盤指數的一半！然而，晨星公司的評等卻在無意之間，誤導投資人買高賣低。

表16-2也顯示，過去績效極度缺乏可以預測未來績效的能力，圖中列出在某個多頭市場期間表現最佳的二十檔基金，以及這些基金隔年在空頭市場中的排名，兩者的對比令人十分震驚。

| 表16-2 | 基金在連續多頭與空頭市場中的績效比較 |

在多頭市場中的排名	在空頭市場中的排名
1	3,784
2	277
3	3,892
4	3,527
5	3,867
6	2,294
7	3,802
8	3,815
9	3,868
10	3,453
11	3,881
12	3,603
13	3,785
14	3,891
15	1,206
16	2,951
17	2,770
18	3,871
19	3,522
20	3,566

*3,896檔共同基金在2000年3月31日截止的十二個月內績效，以及在2001年3月30日截止的十二個月內績效。

在非常長的期間內，預期大多數積極管理型共同基金創造的平均報酬率，應該會接近大盤指數，再扣掉每年大約1.5％的管理費、交易手續費和保管費用（以現今共識預期

的7％年度報酬率，1.5％就占了預期收益的兩成以上，這是非常高的成本）。因此，即使這些基金因為積極型經理人的努力工作，在扣除成本後，績效略微領先大盤，但大家還是可以預期（就像我在第一章中解釋的）扣除管理費和雜項費用後，大部分都會落後大盤，而且這是很多投資績效研究一直證明的事情，請參閱表16-3。

表16-3　共同基金長期績效和大盤的比較

基金的比例	基金績效與大盤的比較
16%	-2%或更差
57%	0到-2%
26%	0到2%
2%	2%或更好

　　表16-3有一個重要事實很清楚：將近四分之三的積極型基金所創造的績效不如大盤；只有2％的積極型基金在整個期間裡，績效領先大盤2％，而且這還是在扣稅之前（高達16％的基金績效落後大盤2％以上）。這種事情雖然可以了解，甚至可以預測，對於希望相信積極型投資的投資人來說，卻不能鼓舞人心。而且這些看起來漂亮的數據，是透過刪除「失敗基金」而來（如前所述）。

　　如果只有2％的共同基金績效大幅勝過大盤，而你同意運用自己白花花銀子，在一百個人中找到兩位正確經理人的

機率並不高，可能也會同意另外有一個很好的替代方案，就是投資指數型基金。此外，就像前面說的一樣，指數型基金的所得稅微不足道，因為指數型基金的周轉率低多了，而且可以藉著輕鬆的管理方式，避免產生稅負。

還有一件讓共同基金投資人更不安的事，就是一般共同基金投資人積極得到的報酬率，遠低於他們所投資基金宣稱的報酬率。從1997至2011年間短缺的報酬率相當驚人：投資人大約只得到一般股票型共同基金「賺取收益」的一半。連債券型基金投資人得到的報酬率，都比他們所投資的債券型基金少：我們以前已經看過這種情形。

1999年的一項研究斷定，從1984至1998年間，標準普爾500指數每年平均上漲17.9％，一般的股票型共同基金投資人，在相同期間只有增加7％，其中原因是基金經常買進賣出，追求「績效」。很多投資人買了共同基金後沒有堅持到底，反而設法預測市場循環，進行波段操作，持有基金的期間通常不到三年，就會把它賣掉，改買不同的基金。

共同基金典型的年度投資組合周轉率超過60％，把這樣做而造成的所得稅影響扣掉後，共同基金的績效甚至會進一步降低。

如表16-4所示，隨著評比期間拉長，超越大盤的機會愈來愈渺茫，而且這種情形從統計來看也更明顯。一項長期研究發現，繼續生存的共同基金中，只有13.25％的基金打

敗標準普爾500指數。請注意「繼續生存」這個限制性的說法，就如我們在第十章看到的，共同基金公司會將自己的錯誤埋葬。因此，所有已經運作的基金，擊敗市場的比率甚至更低。

表16-4 　長期勝過大盤的共同基金非常少

期間	績效卓越的基金比率
1年	35%
10年	20%
25年	10%
50年	5%

　　其中的關鍵觀念是這樣的：和任何合乎實際的期望相比，只要有意外和無法解釋的背離，就是績效不佳（對一檔共同基金合乎實際的期望，可以用一個有意義的近似說法來解釋，就是投資目標相同的其他基金，所創造的平均績效）。嚴重背離又無法解釋，就是績效很差。所有利用品質管制統計技術的人都知道，無論是高於預期或低於預期的偏離，在品質上都不會造成什麼差別。沒錯；投資人學到較高報酬率較好的想法，長期而言的確是這樣；但是短期來看，不論是高於預期或低於預期的偏離，都表示經理人不忠實遵守自己的使命。

　　「不忠實遵守」通常意味著失控，最後很可能帶來不愉

快的結果（一艘船在目標的西邊十海里，和在目標的東邊十海里，一樣都是偏離航線）。對投資人來說，得到較高的投資報酬率，當然勝過較低的報酬率，但兩種情形都是「偏離目標」。投資人不應該把運氣好（或運氣差）和經理人的技巧水準混為一談。

資訊是具有目的的資料，**績效評比的目的，是要判定目前的投資組合操作是否符合你的長期政策**。因為只有建立起明確有效的標準，績效評比才有用，績效評比的用處取決於投資人的投資策略是否清楚、明確。

機構投資經理人和其客戶有一個重大問題，就是在管理相同投資策略的投資組合時，同個組織甚至同個投資組合的投資經理人，會產生不一致的績效。按理說他們的成果應該相同，但是公司內部經常可能有很大的差別。投資機構的績效這麼不一致，在內部品質管制上是個重要問題。

對於短期的績效評比，投資專家覺得最困擾的一個問題是：「成效良好的差勁決定，經常很受業餘投資人的歡迎；成效暫時不理想的良好決定，卻可能導致投資人正好在錯誤的時刻喪失信心。」投資人選擇一檔因為市場環境極好而得利的共同基金時，經常會認為這位基金經理人擁有特別的技巧和天分。其實在良好的市場環境改變後，就會證明這些技巧和天分都不可能被複製。

績效評比最後的問題是它容易造成錯誤，刺激不利的想

法和行為，使投資人分心而偏離長期政策，轉向注重短期操作成果。評比程序幾乎一定會影響接受評比的現象，就像物理學家華納·海森柏格（Werner Heisenberg）多年前闡釋他的「不確定原則」時的說法。

當投資經理人創造的量化績效評比資料令人失望時，卻依仍能做出很有道理的決定，精明的客戶會繼續信任這種投資經理人——尤其是在經理人本著良心和才能，遵循他和投資人同意的任務，即使這種任務正好暫時跟市場當前最受歡迎的類股脫節，投資經理人仍然堅持不懈。有很多例子證明，這種經理人後來的績效，經常讓自己和客戶大有斬穫。客戶應該要求他們的投資組合經理人和公司，全面披露由其管理所有類似投資組合的成果。

事實上，在你選擇共同基金時，有一個良好的檢測標準，就是如果基金績效不如大盤，原因是經理人的特定投資風格不受歡迎，你會高興的大幅加碼投資這檔基金嗎？如果你的答案是肯定的，就表示你承認當市場投資氛圍再度有利這位經理人的風格時，他幾乎一定會超越大盤指數。這是「回歸平均數」有利的一面，那麼你為何不利用這種機會呢？

Chapter 17

不被基金公司承認的「暗物質」

整體而言，超過四分之三的積極管理型共同基金，
在它們選定的競爭中是失敗者！

　　黑暗力量一直在積極型投資管理中蔓延。大部分內部人
士都不願承認、並討論這些力量的真正意義，這可以理解。
或許是因為它們說明了：為什麼積極型經理人愈來愈常失敗
是意料之中的事。大部分客戶還沒有體認到，那些強大力量
已經讓積極型經理人，愈來愈難成功實現他們自己選擇和自
我標榜的任務：打敗市場。本章有個殘忍而無情的目的，就
是要說明：投資績效其實遠比投資經理人及顧問揭露的更令
人失望。

　　當然，一些積極型經理人十年下來能獲得成功，少數則
要更長時間才能成功。這個令人沮喪的現實是由兩股力量所
造成。首先，就如第二十一章將探討的──手續費增加，正

確計算下來已達到驚人的高水準。其次，大量湧入業務嫻熟又兢兢業業的專業人員，配備一流的資訊科技設備，又能立刻存取差不多同等的訊息，在在降低了贏家的數量及勝利的規模（**而且**無法克服手續費及營業成本的經理人數量也在增加）。因此，如今一般從業者的裝備與能力，都比一般的前輩好上許多；但是無數的競爭對手也一樣。此外，銷售也愈來愈集中在平均數附近。所以經理人要脫穎而出，長期達成明顯更優異的成績，也是難上加難。

很重要的現實是，各類積極型管理的共同基金，多數無法跟上目標相同的指數型基金。這個重要事實在表 17-1 顯而易見，這張表所根據的資料，是來自頗受信賴的基金績效

表17-1 積極管理型基金的低「成功」率

類型	一年	三年	五年	十年
大型平衡基金	27.7%	27.8%	16.3%	16.6%
大型價值基金	36.5	34.6	19.6	33.7
大型成長基金	49.3	18.9	11.9	12.2
小型平衡基金	50.2	34.9	32.8	24.7
小型價值基金	66.7	54.1	38	38.3
小型成長基金	22.3	28.6	20.6	23.2
大型海外基金	63.6	47.6	44.7	33.9
新興市場基金	63	55.9	61.2	43.2

資料來源：晨星公司，截至 2015 年 12 月 31 日為止的資料及推算

評等公司——晨星。表內顯示的資料已扣除所有基金的手續費，我們尤其要注意十年以上的低「成功率」：不管哪一種類型的共同基金，甚至不到一半符合或打敗它們選擇的指數或指標。四種基金類型的其中三種，能達到其設定標準的不及35％。這個殘酷的現實，對嚴肅的投資人是問題關鍵——整體而言，有超過四分之三的積極管理型共同基金，在它們選定的競爭圈中是失敗者！

　　至少以如此嚴重的巨大落差，將近一半的共同基金**甚至無法存續**完整十年。那些關閉的基金（或併入其他績效較好的基金）——原因幾乎都是績效差——其比率不低於：

- 所有大型成長基金的48％
- 所有小型成長基金的47％
- 所有大型價值基金的40％
- 所有小型價值基金的32％

　　這些被遺棄的孤兒，當然是完整真相不可或缺的部分，也是所有投資人都需要知道並了解的。最後，下頁的圖17-2顯示那些已關閉、再也不曾提出報告，甚至不被承認的基金，帶給投資人的痛苦結局。它們一般是在最後十二至十八個月急遽下跌。

　　當然，大部分投資人不會承認這樣的數據，他們會說：

「我看到的績效數字比這些數據好上**許多**。一定是哪裡出錯了！」出錯的地方是：廣告與宣傳資料中選擇性揭露數字的方式，讓投資人對積極型經理人的績效，有一種強化許多的虛假印象。唉，這種欺騙並非偶然。

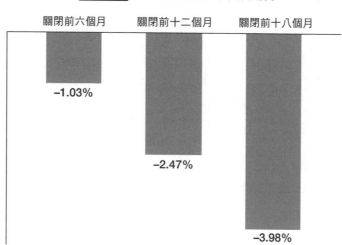

圖 17-2 已關閉基金的下跌趨勢

資料來源：先鋒集團根據晨星公司的資料計算

　　沒有法律規章要求共同基金機構，必須持續揭露那些不再管理的基金，以及基金家族中有多少已關閉或合併到同家族中較強健的基金。更沒有任何規定要求機購揭露關閉或合併前的拙劣業績。因此，許多共同基金家族仿效競爭對手：在逐底競爭下，將績效差勁與中等者悄悄從資料庫中刪除，

彷彿從未存在過。若將刪除的失敗者加回紀錄中，就將柔和、選擇性「有利」的主張，變成確鑿而不利的證據，並把結論從「積極型通常有用」翻轉成「積極型通常**沒有**用」。

同樣的，當協助機構投資人挑選投資經理人的顧問，將一名經理人從他們的「推薦」名單剔除時，通常也會刪除這名經理人過往的所有資料。何必繼續匯報他們「不再推薦」的經理人呢？而當他們**增加**新的推薦經理人，則會加入該經理人前幾年的有利成績──溯及既往。這張成績單的目的是要證明：他們挑選的經理人表現超越大盤。資料或許準確，但是並非精確衡量顧問技能或紀錄的方法。

有鑑於證券市場的組成有許多重大變化，投資人應該體認到，大部分積極型投資經理人的績效，愈來愈難超越選定的指標。下頁表 17-3 的資料包含已經合併或關閉的基金成績，更確認了這個悲觀的評價。幾乎每種類型、每一年，積極型經理人的表現都低於他們自己選定的指標。長久下來的趨勢就是，有愈來愈大比率的積極型經理人**表現低於**指標。

晨星公司的數據顯示，各類的股票型共同基金都出現類似的嚴重失敗。在截至 2015 年 12 月為止的十年中，82％的大型股基金、94％的大型股成長基金經理人、61％的大型股價值基金經理人，以及 88％的小型股基金，表現都**低於**他們選定的指標。至少在過去十年曾經追蹤的兩千零八十檔基金當中，有超過 40％未能繳出好成績而遭到刪除，通常是

表17-3　共同基金未能符合指標的百分比

基金類型	指標指數	2000	2001	2002	2003	2004	2005	2006	2007	2008	2009	2010	2011	2012	2013	2014	2015
所有國內投資基金	標普道瓊1500指數	40.5	54.5	59	47.7	51.4	44	67.8	48.8	64.2	41.7	57.6	84.1	66.1	46.1	87.2	74.8
所有大型股基金	標普500指數	36.9	57.6	61	64.6	61.6	44.5	69.1	44.8	54.3	50.8	61.8	81.3	63.3	55.8	86.4	66.1
所有中型股基金	標普中型股400指數	78.9	67.3	70.3	56.4	61.8	76	46.7	46.4	74.7	57.6	78.2	67.4	80.5	39	66.2	56.8
所有小型股基金	標普小型股600指數	70.7	66.4	73.6	38.8	85	60.5	63.6	45	83.8	32.2	36	85.8	66.5	68.1	72.9	72.2
大型股成長基金	標普500成長指數	16	87.5	71.8	44.7	39.5	31.6	76.1	31.6	90	39.1	82	96	46.1	42.7	96	49.3
大型股價值基金	標普500價值指數	54.5	20.6	39.4	78.5	8.32	58.8	87.7	46.3	22.1	46.2	34.7	54.3	85	66.6	78.6	59.1
中型股成長基金	標普中型股400指數	78.4	79	87	31.7	59.7	78.6	34.9	39.3	89	59.7	82.1	75.4	87.2	36.7	56.2	79.9
中型股價值基金	標普中型股400價值指數	94.8	55.8	74.3	81.9	63.6	71.8	38.4	56.1	67.1	47.8	71.8	64.9	76.2	45.3	73.6	32.4
小型股成長基金	標普小型股600成長指數	73	81.3	94.2	35.3	93.6	72.2	52.1	39.4	95.5	33.5	72.7	93.8	63.7	55.6	64.5	88.4
小型股價值基金	標普小型股600價值指數	74.4	48.7	37.5	49.3	77.5	46	77	39.9	72.5	26.3	51.8	83	61.8	79	94.3	46.6

資料來源：標普道瓊指數公司（S&P Dow Jones Indices LLC）、芝加哥大學證券價格研究中心（CRSP）。資料截至2015年12月31日為止，以平均加權基金為準。

終止或併入績效較好的基金——幾乎可以說，在三檔基金中，只有一檔維持最初的承諾，整整十年都堅持其特定的投資風格。

表17-4顯示，有整整40％的共同基金在推出十年內終止。此外，只有36％的基金始終維持原本承諾的投資風格。

表17-4 存在超過十年且風格維持一致的股票型基金

基金類型	基金初始（檔）	存續者（％）	風格一致性（％）
所有國內基金	2110	60.0	35.9
所有大型股基金	672	56.4	39.1
所有中型股基金	355	60.6	30.0
所有小型股基金	475	63.2	41.9
所有多元基金	608	61.9	31.4
大型股成長基金	204	49.0	35.3
大型股價值基金	200	66.5	48.5
中型股成長基金	171	51.5	32.8
中型股價值基金	89	73.3	20.9
小型股成長基金	184	54.9	44.6
小型股價值基金	88	75.0	36.4

資料來源：標普道瓊指數公司、芝加哥大學證券價格研究中心。資料截至2015年12月31日止。

「買家要自行負責」或許是司空見慣的警語，但是那樣真的足夠嗎？謊報大幅提升後的績效資料——通常到小數點後第二位，**似乎**是在保證準確與精準，或許對目前的銷售

有利，但在專業來說幾乎是不負責任。如果共同基金產業想繼續受千千萬萬投資人的信賴，難道不需要給衡量及揭露投資績效，設定更高的標準嗎？

Chapter 18

預測市場不如預測人性

大略預測股市的長期正常走向不難，
但估計未來幾個月的走勢幾乎不可能，而且沒有意義。

投資人自然希望知道未來幾年「獲利最高」的投資展望。了解今後幾天或幾星期的展望很容易，就像老摩根（J. P. Morgan）的名言「市場會波動起伏」一樣。長期投資人根據經驗，知道經濟行為的常態分配具有極強的規範力量，經濟與股市的主要力量會透過回歸平均數趨向「正常」的核心趨勢。有個好方法可以務實看待未來報酬率，就是假設未來本益比和企業利潤趨勢會局限在歷史上下限之間，也會愈來愈貼近平均數值。

經濟的細節部分極為複雜——股市反映每一種國內和全球產業，以及成千上萬上市公司和整體經濟的所有因素——對投資人而言，主導現實的兩大因素是「企業盈餘」（與所

分派的股息），以及把盈餘資本化的「本益比」。本益比由兩種因素決定，一種是「利率」，即獲利與預期通貨膨脹展望決定；另一種是「股票溢價」，股票溢價反映投資股票的不確定性，加上或減去投資人目前心理多樂觀（或多悲觀）的投機因素。

研究未來最好的方式就是研究過去。1901至1921年間，經過通貨膨脹調整的美國股市，平均實質年度報酬率僅0.2％，1929至1949年間只有0.4％，1966至1986年間為1.9％。換句話說，二十世紀超過60％的年度裡，世界表現第三好的美國股市，實質年度報酬率不到2.0％，二十一世紀的第一個十年更差。

1964年底和1981年底，道瓊工業平均指數都是875點──沒有經過通貨膨脹調整前，那十七年期間的淨變化為零。雖然企業獲利大幅上升，利率卻從4％飆升到15％，大舉壓縮市場的本益比。投資人變得十分悲觀。

1988年時，股息殖利率平均為3.5％，隨後的十一年裡，盈餘每年平均成長7.1％。對投資人來說，好消息是：每年股息加上盈餘成長率的基本面報酬率為10.6％。但是這樣說並非全貌──投資人的收穫更多，基本面報酬率雖然是10.6％，投資總報酬率卻高達18.9％。其中的差額起源於年度附加8.3％的投機報酬率，因為本益比起飛，增加一倍以上，從十二倍增加到千禧年來臨時的二十九倍。

這種情形可能永遠延續下去嗎？當然不可能，回歸平均數一定會再度降臨。就像十二倍的本益比太低一樣，二十九倍的本益比太高，最後一定會下降。

從歷史來看總是會有幫助。[1]這兩大因素——盈餘與本益比——如何解釋從1982至1999年間美國最強勁的多頭市場？請見下方說明。

第一，1982年時，美國企業獲利只占國內生產毛額的3.5％，遠低於正常4％至6％的範圍，到1990年代末期，企業獲利幾乎達到6％，升到正常範圍的高檔，這樣是重大變化。

第二，同一時期，長期美國政府公債利率，從14％暴降為5％（光是這一點變化，就會使長期公債市值增加八倍，用複利計算，就是每年成長13％）。這種變化和總市值的所有長期變化一樣，背後的主要力量是基本面和客觀因素。

另外，還要納入投資人心理感覺如何的額外與主觀因素：1970年代空頭市場的尾聲，投資人非常悲觀；1990年代後期的投資人非常樂觀。與此同時（部分是因為盈餘成長，但主要是因為利率大幅下跌），由於通貨膨脹預期大幅下降，道瓊三十種工業股價指數（所有的股息再投資）因此

1　諾貝爾經濟學獎得主羅伯‧席勒（Robert Schiler）在《不理性的繁榮》一書中，長篇大論、引述事實，檢討美國股市在「新經濟」高峰期間的滿足感，是理性評估的絕佳典範。

暴漲了將近二十倍，以複利計算，年度報酬率高達19％。

　　投資人在高興之餘，不理會「回歸平均數」的強大力量，幾乎總是根據以往的市場和經濟行為去預測未來，大致期望未來會跟過去相同。1970年代初期，投資人知道通貨膨脹會維持高檔，盈餘會維持低檔，甚至可能進一步下降，大部分的報章雜誌刊出同樣嚇人的展望；2000年時，投資人（幾乎可預測的）過度樂觀，預測未來會有更多同樣的複合成長。投資人迷上網路股，高呼所有股市泡沫時期都有的口頭禪「這次不一樣」時，更是如此（過往投資人極為熱情的例子包括1830年代的英國運河股、1850年代歐洲和美國的鐵路股、1920年代的汽車股和1980年代的日本不動產等）。

　　到了2007年，投資人已經忘記網路股崩盤，再度安於高於平均水準的本益比。接著次級房貸慘劇惡化成超大的「完美風暴」，隨著信用市場凍結，嚴重打擊各種市場，著名的銀行和證券商突然倒閉，害怕經濟嚴重衰退的心理蔓延。投資人再度學到，評估近期市場有多困難。

　　首先，如果股息殖利率為1.5％，企業盈餘成長率為4.5％——這是企業長期成長率正常範圍的中間值——那麼加總起來就是6％，也是預期實質盈餘基本面報酬率第一部分，這部分還需要經過通貨膨脹調整。接著，什麼樣的估價變化才合理？為了開始計算，我們要指出最近數十年來的平均本益比，大約都維持十五點五倍。

葛拉漢在其經典傑作《證券分析》的引言中，曾經明智的警告說：「長期投資人必須小心，不要從最近的經驗中學到太多東西。」他談的是1929年的股市崩盤，以及其後的悲慘歲月。但是他談到的也很可能是網路股市泡沫，或是2008至2009年間的金融海嘯，抑或是任何漫長系列的場景，當時股市的全部或一部分對最近的大事反應過度——有時候是積極的反應，有時候是消極的反應——同時，短期的希望或恐懼壓倒了長期的估價。

　　大致預測股市不難，但精確預測的確不可能。同樣的，大略預測股市長期的正常走向不難，但估計股市未來幾個月的走勢幾乎不可能，而且沒有意義。

Chapter **19**

傻瓜散戶的贏家思考

理性，是投資成功的主要關鍵，
但多數散戶卻在投資中訴諸情感，以至於身不由己。

　　散戶跟退休基金與校產基金之類的機構法人大不相同，散戶不只是錢比較少而已，還有一個差異是稅負。年度周轉率通常超過60％的積極型經理人，會造成基金投資人必須繳稅。因此請記住：基金公司申報的投資績效是稅前績效。散戶和機構法人具有另一個決定性的差異——每一位散戶都會死亡。我們都知道個人投資人的「壽命短暫」，雖然無法知道確切時間，但死亡是所有散戶最主要的現實。

　　每個賺取收入的人都知道，我們有一定的年限來建立自己的儲蓄做為退休保障，不能再賺錢和儲蓄的人，必須靠一定的財力，度過長短無法確切知道的歲月。

　　投資成功的關鍵是理性，大部分投資人卻身不由己，在

投資中放入情感，而且在市場轉折的某些時刻，情感甚至掌控了投資。散戶的資金經常具有重大的象徵意義，可能強力牽動投資人的情感——這種情形太常見、太有力了。很多投資人覺得自己的錢代表自己和生命的價值（就像企業家經常把自己的公司，看成自己的身家財產一樣）。這種情形叫做「我的錢就是我」症候群，在老年人身上特別常見，可能造成暴躁甚至小氣的行為（如果你有家人表現出這種樣子，你要忍耐，因為這很可能只是表達害怕死亡的另一種方式）。

還有另一個重要的現實，就是散戶有相當大的力量可以影響別人。散戶在財務上和情感上，可以用遺贈或不遺贈，或者用大於或小於預期的遺贈，抑或是運用別人認為公平或不公平的遺贈，藉以影響他人。在家庭中，金錢的情感力量和象徵性經常比金錢的經濟力量大。散戶要是能夠小心處理這兩點，就是聰明人。

我們都知道，散戶經常基於跟股市無關的原因，買進股票。散戶會購買股票，原因可能是繼承了財產、得到獎金、賣掉房子，或是基於任何其他令人愉快的原因，又或者是跟股市沒有直接關係的其他原因，因而有錢可以投資。同樣的，他們賣出股票的原因可能是有個小孩要上大學，或是決定買房子——幾乎總是根據和股市無關的原因而賣出持股。

散戶不像專業人士完全主宰今日的股市，他們在股市中的很多選擇之間，通常沒有進行廣泛而嚴格的選股比較。大

部分散戶甚至不是少數幾家公司的專家，散戶投資時，可能認為自己知道一些重要的事情，但是他們認為自己知道的事，幾乎總是不正確、不相關或不重要的新資訊。業餘人士的「獨家消息」通常早已為人熟知，透過全天候在市場中積極活動的專業人士反映在股價上。因此市場研究專家正確的把大部分散戶的活動，稱為「沒有資訊」的交易，或是稱為「雜音」（這兩種說法並非意味著不敬，只是描述性的說法，凡是對此覺得不滿的人，都太過敏感）。

難怪早在1960年代，專業投資的先驅有自信可以勝過90％的散戶投資人，因為他們在市場內部運作，針對他們時刻能掌握最新資訊的幾千、幾百檔不同的股票，在消息靈通的情況下，做出嚴格的價格與價值比較。當時專業人士的確可以打敗業餘市場，不過這種情形已經是半個世紀以前的故事了。

現在情形已大不相同。共同基金、退休基金和避險基金經過五十年的驚人成長，他們的投資組合周轉率提高後，原有散戶和法人90：10的比例已經完全顛覆。今天紐約證券交易所的全部交易，99％由投資專家承作。事實上，所有交易中的75％，是由一百家最大、最積極的機構專家承作，光是五十家最大、最積極投資機構專家所承作的交易，就占了紐約證券交易所整整一半的交易。

要打敗一百家最大的機構到底有多難？以下是一些「事

實」：這些超大型機構一年個別付給每一家主要券商高達1億美元。券商能夠賺到這些錢，靠的是為他們創造最好的市場，提供自己所能提供最好的研究服務。這些機構擁有多台彭博終端和所有其他廣泛的資訊服務，以及擁有複雜模型與程式的強大電腦。他們公司裡全都擁有好多組分析師，也擁有平均投資經驗達到二十多年的資深投資經理人——所有這些人隨時利用自己的關係和網路，取得最好的資訊。因此你可以看出，機構投資人和散戶相比，擁有全部的優勢。

所有投資人都有一個容易低估的風險：通貨膨脹。這個敵人對散戶是危險的，對退休人士尤其危險，就像在1970年代。由於我們目前的通膨不明顯，所以許多人認為通膨不會再出現。如今聯準會（Fed）的目標通貨膨脹率是2%，但不可能完美控制住，實際上很可能是3%或4%。

長期而言，投資人真正的大問題是通貨膨脹，這比大多數投資人煩惱的日常或週期性股價波動來得嚴重。通貨膨脹的侵蝕力量確實令人生畏：以2%通貨膨脹率來說，資金購買力在三十六年內會減少一半（請參閱表19-1）。通貨膨脹率為5%時，你所擁有資金的購買力只要十四年就會減半——再過十四年會再度減半，降到只剩四分之一。在美國社會，國民平均壽命大約八十六歲。當你已經退休，卻沒有方法抵銷通貨膨脹對購買力的可怕侵蝕時，這顯然是嚴重的問題。

表19-1　通貨膨脹率提高對購買力的影響	
通貨膨脹率（％）	購買力減半的時間（年數）
2	36
3	24
4	18
5	14
6	12

　　每個散戶都有自己看重的責任：教育子女；提供適宜的住家；提供退休保障；提供強而有力的自我保障，以因應重大災禍，或是因應較長壽而需要比預期多的健康照護風險；協助老年親戚支付健康照護費用；捐贈曾經嘉惠我們的學校和機構，或是希望以捐贈嘉惠自己的社區等。最後，大部分人都希望遺贈一些東西給子孫，改善他們的生活（對大多數人來說，子女的日子過得比父母和祖父母輩好，是進步的真正意義），但是某些需求，特別是晚年健保問題的資金需求，我們還不知道，而且可能變得幾乎沒有上限。

　　你在規劃「所有財務狀況」資產負債表的責任方時，會想決定把誰列在你認定的「我們」當中？列入的目的是什麼？這樣做會有幫助與效益。你計劃承擔的子女教育責任有多少？讀大學十分昂貴，而同樣昂貴的研究所，逐漸被大家視為一般標準。在提供子女教育費用後，幫助子女買第一棟房子，在你看來很重要嗎？協助子女創業很重要嗎？你的父

母、兄弟姊妹或姻親怎麼辦？他們在什麼情況下需要你的財務資助？需要資助多少？何時需要資助？你一定要知道你的所有承諾加總起來的數字，以及在什麼時候需要用到錢，如此就能提前做好規畫。

由於我們只能把儲蓄拿來投資，儲蓄自然比投資優先。儲蓄有一個特殊的性質，就是你可以決定你希望怎麼做，也可以把儲蓄付諸實行！在秋季買草帽、元月買聖誕卡、開二手汽車，以及買一間你所有儲蓄能夠負擔的小房子──刻意利用很多日常的儲蓄方式，長期下來就會創造輝煌的成果，尤其是配合理智的長期投資法時，更是如此。儲蓄的有力方法之一，是把你的支出限制在「不超過去年所得」的範圍內。而且總是要對你的免稅退休基金，確保「提撥最高金額」。

儲蓄的第一個目的是累積防衛性準備金，以便在麻煩出現時可以使用，就像是滅火器一樣。這種準備金也是如此，在需要時應該充分的利用它。準備金是準備好隨時要動用的。如果你小心的利用，或是只利用一部分的防衛性準備金，就需要擁有較高比例的準備金，這樣做代價高昂──擁有比實際需要還多的準備金，機會成本相當高。提撥去對抗偶發嚴重事故所需要的保障後，其他就拿來長期投資。

本書的一個核心觀念是，能用來長期投資的資金如果投資在股票上，而且長期以股票的形式持有，會為投資人帶來最大的好處。對於年輕、有工作的投資人來說，這個原則特

別重要，原因有二：

1. 即使以7％報酬率計算，你儲蓄和投資的每1美元，在十年內會變成2美元，二十年內會變成4美元，三十年內會變成8美元，而且會根據「七二法則」一直滾下去。
2. 如果你從整體觀點評估自己的財務狀況，就會發現自己最大的「資產」是年復一年賺取收入的能力，而且所得很可能會不斷增加。這種賺錢能力可以被看成像是債券一樣，在個人二十歲、三十歲甚至四十歲時，占財務狀況的一大部分（請參閱第十三章）。

但是，預期活不到十年、認為十年已算是「長期」的老年投資者該怎麼辦？他們是否應該像凡俗之見所說的那樣，投資在以債券為主的保本標的上呢？這一點就像常見的情形一樣，凡俗之見可能錯了。

退休的投資人可能為了求得心安，希望投資在相當穩定、收益相對高的證券上，他們可能會讓情感力量主導自己的經濟利益。老年投資人可能預期不會再活太多年，但是他

1　七二法則說明要花多少時間，才能夠把最初的投資變成兩倍。如果成長率為10％，最初的投資金額會在七點二年內增加一倍；如果成長率為3％，最初的投資金額要花二十四年才能加倍；成長率為15％時，只要花四點八年。

們的投資由受益人繼承後，卻可能有非常長期的使命。在資產所有人的真正目標 —— 包括協助子孫或母校 —— 具有相當長的時間架構時，何必把投資的時間架構，限制在自己的有生之年呢？此外，長期快樂生活的祕訣之一，是繼續登高，並且像英國大政治家迪斯雷利的名言一樣，保持「與未來同行」的狀態。投資股票能讓我們的思維保持年輕。

要成為真正成功的終身投資人，首要的挑戰是「認識自己」 —— 去了解你個人的財務目標，了解什麼東西對你才是真正的成功。請記住作家亞當斯密（經濟學家古德曼的筆名）的明智忠告：**「如果你不認識自己，可以在股市裡找到答案，但代價高昂。」**

在不動產、商品和選擇權市場上也是如此。聰明的投資人會花時間盡可能認識自己，在股市高低起伏期間，了解自己身為投資人的感覺和行為。我們必須了解真正的自我，才能利用自己最理性的思考，控制自己的情感。

以下是一個簡單卻帶有友善意味的測驗：

如果可以選擇，你的選擇會是什麼？
• 選擇 1：股價大漲，而且維持高檔多年。
• 選擇 2：股價大跌，而且維持低擋多年。
在往下看之前，請你先做好選擇。

若不看未來，你的選擇是哪一個？如果你選擇第一個答案，你和接受此測驗的90％專業投資人相同。這會讓你覺得欣慰嗎？你不應該高興，除非你是站在股票的賣方。如果你選擇第一個答案，就是違背自己的利益。

　　原因如下：第一，請記住，你買進股票時，實際上買的是收取股票所派發股息的權利。[2] 就像我們買乳牛是為了得到牛奶、買母雞是為了得到雞蛋一樣，我們買股票是為了得到公司目前和未來的盈餘與股息。如果你經營牧場，難道你買母牛時，不希望母牛價格便宜，好從對母牛的投資中得到更多的牛奶嗎？

　　你買股票時，股價愈低，你每投資100美元，買到的股票股數愈多，將來從投資中收到的股息金額，會占你投資的百分比愈大。因此，如果你是儲蓄者兼股票買主（大部分投資人目前都身兼這兩種身分），預期未來多年仍將如此，有趣的是，對你真正有利的長期利益是股價大幅下跌，並且維持在低檔。這是你能夠以低價累積更多的股數，使你投資的金錢將來得到較多股息的原因。因此，正確的選擇是違反直

2　當然，你也得到票選董監事之類的權利，得到將來如果有人要併購這家公司時，可以用比較高的價格賣出股票的權利。但是在現實狀況中，很少股東會投票反對經營階層的建議，而且發生意外併購的公司很少，因此，和股息相比，這種股東權利通常不是很重要。不錯，你也得到可能以比較高的價格，把股票賣給另一位投資人的權利。但是，下一位投資人樂於付出的價格由什麼因素決定呢？由預期未來盈餘與股息的現值決定。

覺的第二個答案。

我希望這種看法將能幫助你，以投資人的身分享受更大的成就，而且在你投資生涯中無可避免的空頭市場中，能夠更為安心（你甚至可能在空頭市場中，學會看出某種利益，如果你是真正理性的人，你一定能學會）。

大多數投資人因為過度受人性左右，他們更喜歡上漲的股市，而且在股價已經高漲時，熱中於買進更多的股票，以致將來從股息得到的投資報酬率十分低落，而且市場虧損風險偏高。同樣的，大多數投資人在股價下跌之後，對股票的觀感相當不好，最容易在真正錯誤的時刻——在價格已經很低、股票未來股息報酬率會變得很高的時候——受到最大的誘惑，出清持股（請參閱圖19-2）。這張圖顯示1927年的1美元因為價值上漲，在七十二年內成長為106美元。

五十多年前，在我進入華爾街的第一年，跟一群新科管理碩士一起接受訓練課程。我們都期望上最後一堂課，就是跟多年來靠精明投資累積龐大財富的投資教父見面[3]，探問他的成功祕訣，問他對像我們這樣的年輕人有什麼建議，當時他想了好一陣子，沒有說話，然後直截了當而簡短的說：「不要虧損！」以此總結他累積得到的經驗。

3　這位投資教父，是美國老字號投資公司伍德海姆公司（Wertheim & Co.）創辦人約瑟夫・柯林根斯坦（Joseph K. Klingenstein）。

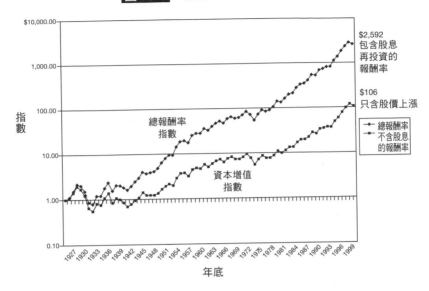

圖19-2　股息再投資很重要

指數

總報酬率
指數

資本增值
指數

$2,592
包含股息
再投資的
報酬率

$106
只含股價上漲

總報酬率
不含股息
的報酬率

年底

　　第一次聽到他的建議時，我覺得似乎太過簡單。但是隨著時光流逝，我開始相信這種建議從過去到現在一直都很健全。在你投資時，當然不可能不吸收其間很多小小的損失，因為市場的確會起伏波動，但是不要冒險，害自己陷入嚴重而無可挽回的虧損中；此外，不要借錢來投資，前面已經提過，沒有老又大膽的飛行員。

　　如果你發現自己陷在股價上漲的激情中，或是陷在股價下跌的愁苦裡，先暫停一下。你可以去散散步，讓自己冷靜下來，否則你很快就會成為群眾的一份子，想採取一些行動——你會開始犯錯，可能犯下讓你將來後悔的嚴重錯誤。

對大多數投資人來說，善意忽視是創造長期投資獲利的祕訣。

如果你儲蓄有方，而且有做足夠的投資，擁有充足的資金，可以滿足所有你選擇的責任與義務，那麼你就真正贏得了金錢遊戲，值得大聲喝采！那的確是令人興奮的成就。

贏家應該注意：無論如何，絕對不要試圖贏更多，而把自己已有的勝利置於風險中，尤其是利用沒有必要的借貸、對單一投資投入太多資金，或是過度承擔責任。贏家應該避免投機，冒著變成大輸家、變成真正傻瓜的風險。

至於小散戶在思考投資決策時，以下的「十誡」將會是極為有用的方針：

1. **要儲蓄**：拿你的儲蓄投資在你未來的幸福和保障上、投資在子女的教育上、投資在可以自在選擇生活的財務自由上。

2. **如果你為了滿足某些情感衝動而必須「玩股票」，就必須承認這樣是在賭你的能力足以擊敗專家**：有鑑於此，你必須把玩股票的金額，限制在你跟拉斯維加斯的專家賭博時預設的賭注一樣多（請做精確的成果紀錄，你很快就會說服自己放棄投機）。

3. **切勿以稅務原因做為投資主因**：避稅投資工具通常都是差勁的投資。以稅務虧損為由賣出，主要是營業員增加手續費收入的方法。（只有兩個例外。一定要定

出精明的遺產稅計畫，配合你的財務狀況和不斷改變的稅法。如果你反正都要賣股票，賣出已經增值的低成本股票做慈善捐贈就有道理。如果可以，請務必要設立個人退休帳戶，每年對你的避稅401（k）退休金帳戶計畫或分紅計畫，提撥最高的金額。如果你在401（k）退休金帳戶計畫之外又有投資，那麼在做投資決定時，要以你的整體情勢為基礎：盡量降低你的避稅退休基金中，債券或債券型基金的所得稅）。

4. **不要把住宅當成投資**：相反的，要把住宅當成保值品，以及當成是家人一起過日子的好地方。住宅目前不是良好的金融投資，而且從來都不是。但是住宅的確可能變成讓你家庭幸福的良好投資。房價總是集中在以新房替換現有房屋的成本。由於建設施工效率提高，扣除通貨膨脹的因素後，蓋新房的成本與五十年前大致相同。

5. **絕對不要玩期貨**：期貨交易其實只是價格投機，不是投資，因為其中毫無經濟生產力或附加價值。[4]

6. **別錯看股票營業員和共同基金業務員**：他們通常是很好的人，但是他們的工作不是替你賺錢，而是從你身

---

4 約翰・崔恩（John Train）在《股市大亨》（*The Money Masters*）一書中指出，一位期貨營業員在十年內，針對將近一千位顧客提供有關期貨交易的建議，有多少人賺錢？一個都沒有。營業員卻賺了錢，因為他有手續費收入。

上賺錢。有些業務員會全心全意，多年不變，盡責、體貼地服務客戶，但你不能假設你的營業員會這樣對待你。有些營業員或許會這樣做，但大多數營業員根本無法這樣做。一般的營業員通常要和兩百位客戶「談話」，這些客戶投資的總資產為500萬美元。營業員一年要賺10萬美元的話，就必須創造30萬美元的手續費總額，也就是占他談話對象總資產的6%，要創造這麼高的手續費——對投資人而言是沉重的費用負擔，營業員根本沒時間知道什麼是「正確的事情」，他必須讓錢——你的錢——不斷滾動。

7. **不要投資新穎、有意思的各種投資工具**：設計這種投資工具，絕大部分的目的是要「賣給」投資人，而不是要讓投資人「擁有」（有一個故事是，新手釣客在魚餌店裡，詢問魚兒實際上會不會咬店裡販賣的華麗魚餌時，老闆簡潔的回答：「我們賣這些魚餌，不是為了誘惑魚兒。」）

8. **不要因為聽說債券是保守或保本的投資，就投資債券**：債券價格會震盪，而且在對抗長期投資的重大風險「通貨膨脹」方面，債券的表現很差勁。

9. **寫下你的長期目標、長期投資計畫和遺產稅計畫——然後努力遵循**：雖然建議要每年檢討你的投資，但每隔十年至少要檢討一次你的資產。

10. 別信任你的感覺：當你覺得樂不可支時，很可能就要倒楣了；你覺得心情憂鬱時，請記住：這正是黎明前最黑暗的時刻，因此你不該採取行動。在投資方面，活躍幾乎總是多餘的，少就是美。

最後，這裡我要對401（k）退休金帳戶計畫的參與者（或任何其他「固定提撥」退休計畫而擁有投資決定權的參與者），特別說幾句話：集中投資指數型基金，不要投資在你自己的公司上。你的公司可能很好，不過因為你在這間公司賺取收入，已經代表把你的全部經濟組合，高度集中在這家公司裡。你的退休基金安排首先應該追求「安全」，安全的意義是「防禦性」。如果你有一點懷疑，請看看有關拍立得和安隆公司的所有報導——美國很多大企業後來喪失所有的總市值，抹煞很多員工的退休儲蓄，最後被迫裁掉大量忠心耿耿的員工，結果這些員工的退休儲蓄不見了、工作沒有了、美夢也破碎了，拍立得和安隆就是其中兩家公司。

Chapter 20

選擇「令你安心睡覺」的基金

聰明的投資人是如何挑選基金的？

第一個原則是：永遠不要冒自己無法承受的風險。

　　如果你還不能（或不願意）接受指數化投資的觀念，那麼你還有兩個選擇：你可以自行做投資決定，也可以投資積極管理型共同基金。如果你看了本書之後，仍然決定自行挑選股票，請你要幫自己一個忙，小心記錄你的決定——記錄你做每一個決定時，期望得到什麼結果，記錄這些決定的實施狀況，以及所有的花費。

　　股票營業員可能說，你不必花錢，就可以得到他們的投資建議與他們公司的研究報告，或是你能得到的所有服務。但你只要花一點時間記錄所有花費，很快就會發現，你付出的券商手續費經過一年的累積，加總起來的金額占你所擁有資產的比率，可能比共同基金管理費要高很多。

投資不是嗜好，每一項重要的研究都發現，自力更生的散戶，他們的平均成果都不好。此外，他們的成果高於（或低於）平均值的距離相當大，因此有太多投資人困在非常不理想的成果中。這就是營業員通常每年會喪失超過20%客戶的原因，這些客戶幾乎全都虧掉了貨真價實的錢——他們永遠不可能賺回來的錢。

首先，要了解自己的投資目標和真正的耐力。判定你的投資持續力，這將會幫助你訂出自己能夠承受的市場風險水準。再者，請不要過度投資，要了解自己內在對市場風險的敏感性，不要超過自己的限制，就像家父的明智建議：「永遠不要冒自己無法承受的風險。」[1]

---

1 1970年代中期，我增加投資約翰·聶夫（John Neff）管理的雙子星基金（Gemini Fund）——金額不超過我能夠虧損的金額，但是加碼投資很多。我熟識聶夫，知道他會很慎重控制與限制風險的程度。因此，雖然一般投資人不會慎重區分真正的風險和認知中的風險，聶夫顯然會這樣做。股市情勢對聶夫喜歡持有的「價值股」一直相當不利，雙子星資本基金是封閉型的雙重基金——其中一種基金股票獲得所有的股息所得，第二種股票獲得所有的資本利得——多年來，這兩種股票都經歷「價值類股」股價下跌的融資衝擊，基金股價低於淨值。我計算過他的基金可以利用多少券商的融資，卻不會收到追繳保證金通知——即使股價進一步下跌20%後仍然如此——於是我利用充分的融資，買進他的基金股票。行情上升時，我享受「六種層面」的好處：第一項好處是找聶夫當我的投資經理人；第二項好處是股市回升，加上「價值股」的優異報酬率，以及雙子星資本基金股票從「折價」變成「溢價」的好處，還有雙子星基金利用融資和我大量利用融資的好處。雖然我的投資顯然具有所有的融資風險，我卻基於一個重要的原因，覺得很有信心，也覺得相當安全：我知道聶夫十分嚴格地規避風險，且是紀律嚴明的理性投資專家。隨後的二十年裡，我得到非常高的報酬，風險又極低，這要感謝號稱「專業投資人最喜歡的投資專家」聶夫傑出的操作。

研究你自己多年來的決策紀錄，看看你這個「投資人」的表現有多好，檢討你在不同時間架構下忍受市場逆境的能力。知道你處理每一季價格波動的能力是一回事，因為這種波動的幅度通常相當小，而且很快就會反轉；吸收和接受整個空頭市場是另一回事，尤其是吸收和接受時間比較長、跌幅超過正常狀況的空頭市場。例如你可以問自己：當2008年股價暴跌超過45％時，你有什麼感覺？看到市場一天天不斷下跌時，你又有什麼感覺？曾經採取過什麼行動？

過去的績效紀錄無法預測未來的成果。劍橋捐贈基金顧問公司的報告坦白指出：「完全根據最近的績效聘用或解雇經理人，沒有健全的基礎。」事實上，如果你根據所有經理人過去的績效，把他們分為十等份，這種資料幾乎完全沒有預測力量。只有一個例外：表現最差的輸家，通常的確會繼續虧損。

你可能仍然希望選擇自己的共同基金，因此這裡要提出一個建議：你可以快速開始尋找，方法是從《Money》、《富比士雜誌》、《彭博商業周刊》中，整理出一張善於經營401（k）退休金帳戶計畫或其他確定提撥計畫的公司。然後詢問見識豐富的朋友，在那些基金中，有哪些基金持續一貫地吸引最優秀的人才，以及從長期來看，哪些最可能創造優異成績——這張表很快就會出現幾家傑出的企業，包括美國基金家族（American Funds，由資本集團公司經營）、普信公司、

威靈頓公司和先鋒公司。[2] 尋找那些收費低廉、專業人士將大部分淨資產投資於其公司的自有基金。

選擇積極管理型共同基金時，要刻意採用非正統的方法。不要選擇「一檔」基金，反而是從「大致正確」的決定開始；不要試圖尋找「最好的」共同基金，而是要尋找提供一整個共同基金家族的優異投資公司。你要到處打聽，這家公司是否能持續吸引和留住一流人才？這家公司在管理上的自我定位是專業機構，還是營利本位機構？你在過去幾年的績效數字中，通常找不到它投資成功的關鍵，要在組織的長期專業文化中才找得到。股票和投資概念層出不窮；基金經理人來來去去；但是個人的性格或組織的文化——不管是好是壞——卻不容易改變。因此要尋找能吸引和留住優秀人才三十或四十年的企業，尋找維持「我們公司如何達成使命」之類聲明中的一貫性，同時要注意和懷疑那些試圖把你的重點移轉到最近的成果、背離你長期真正利益的公司。因為到最後，公司性格或企業文化一定會主導一切。

別忘了，你要尋找的是一間信譽卓越、擁有長期優良紀錄的公司，一間備受見識豐富投資人尊敬與稱讚、能夠讓人安心的公司。對大多數投資共同基金的散戶來說，「能夠安

2　我曾經寫過一本稱讚資本集團公司的書，多年來還擔任先鋒集團的董事，也擔任普信集團的策略顧問多年。

心」的觀念是長期投資成功的關鍵，因為你不希望轉換基金。轉換是投資人的大敵，原因有兩個。

第一，轉換共同基金的成本看起來可能很少——轉換基金「只耗掉資產的幾個百分點而已」，但是太多投資人每隔幾年就轉換基金，這種成本會不斷累積。

第二，轉換基金讓大部分投資人支付更大的隱藏成本，因為他們都在基金出現最嚴重虧損的時候賣出，在基金創造最優異的獲利後買進。你要注意整個基金業的資金流動：大部分投資人都是在基金已經表現不佳之後賣出，在基金已經表現優異績效後買進，而且績效增減最劇烈的基金，資金流入和流出的金額最大。因此，投資人自找的這種痛苦更是嚴重。

可想而知的是，以銷售為導向的共同基金可能在回顧來時路時，對於自己企業的業務成果發展深感自傲，這合乎情理。但是贏得美國超過一億個客戶和超過一半家計單位信任的共同基金公司中，只有少之又少的基金公司，承認他們在這種過程中，不但贏得事業經營成功之戰，也把自己從企業機構變成有重大信託責任的機構，因為他們接受了公眾的信任。所以不論基金公司是否承認這一點，現在的標準已經大不相同了。

至於你應該利用多少種不同的共同基金呢？不用多！投資人尋找共同基金時，通常可以在大型基金家族中，找到很

多不同型態或類別的投資標的，包括不同類別的指數型基金、成長型基金、價值型基金、大型股基金、小型股基金、貨幣市場基金、不動產投資信託基金、國際型基金、全球型基金和很多其他類別的基金。所有管理良好基金家族提供的基金在結構上，都採用相同的專業精神標準、合理的管理費和投資人服務，這就是為什麼你需要慎重選擇，把自己的共同基金投資，集中在長期投資績效、企業價值觀，以及實際做法都受你尊敬的一個共同基金家族。

聰明的投資人會慎重選擇共同基金，然後堅持到底。有一個說來簡單，但是大部分投資人非常難遵循的良好原則可以依據：如果一檔基金的績效明顯落後大盤兩、三年，這檔基金的經理人被大家公認操作能力很差，讓你不敢放心的「加碼」投資，那麼你絕對不能投資它們。只不過，大多數長期績效優異的共同基金，在長期紀錄中，都曾有連續三年表現低於標準的時候。所以要努力堅持信心，信守穩定的長期計畫，不要理會市場先生的惡作劇。

從在售票口和機場安檢行列排隊的經驗中，你就知道從這一列換到另一列排隊，通常並沒有什麼好處。[3]改換投資經理人的效果甚至更差，而且轉換基金的成本高昂。要繼續投

3　這種現象叫做「艾托瑞法則」（Ettore's Law）。排隊時別隨便換排另一條線，因為通常換了之後，只會看到原來排的那條反而比較快。

資能力高強、遵守本身承諾的共同基金經理人（在經理人暫時跟當前市場環境脫節時，尤其如此），在投資方面，要表現出真正「慎重的客戶精神」，最後一定會得到報答。

由於利用指數型基金是最簡單的答案，所以你要確定，付錢購買積極管理型基金的任何決定是正確無誤的。許多重大變化改變了投資方式，以至於大多數投資人會發現，大多數積極管理型共同基金，既沒有也不能跟上市場。

只有少數共同基金在經過風險調整後，能夠創造十分優異的長期成果，這方面的資料相當悲慘，就像法國聖西爾軍校（St. Cyr）1913年的畢業班，注定要在第一次世界大戰慘烈的壕溝中作戰，前仆後繼。五十年來，共同基金合計年度複合報酬率輸給標準普爾500指數1.8％，報酬率為11.8％，低於該指數13.6％的報酬率。[4]

過去二十年來，指數型基金的報酬率已超過80％的美國共同基金。普林斯頓大學備受愛戴的墨基爾教授經過多年慎重研究後，發現要估計一檔基金和其他共同基金相比的未來績效，最好的方法是只根據兩個因素投資：一是投資組合周轉率；二是費用。在這兩個因素中，數字最少就是最好。

4　請參考柏格（John C. Bogle）1999年2月3日，在佛羅里達州奧蘭多投資展中所發表的演說〈複雜與簡單兩種投資文化的衝突〉。

Chapter **21**

小心偏高的基金管理費！

相較於指數型基金，積極管理型基金的管理費相當高昂，
甚至可以說——非常高昂！

　　過去五十年來，投資管理服務的定價已成為經濟學神聖
定律的例外。有趣的是，當代大多數投資服務的買家與賣
家，似乎認定這種例外狀態會持續下去——但現在可能會出
現改變，甚至出現實質性的破壞。

　　長久以來，雖然有些批評者對投資管理費表示不滿，大
部分投資人卻都認為，「便宜」這兩個字是投資管理費的最
佳形容。尤其是投資人認為管理費極低，以至於在選擇投資
經理人時，變成幾乎是無關緊要的因素。

　　這種對費用的看法是投資人的錯覺——以及投資經理人
不太單純的騙局。架構，也就是我們描述及看見事物的方
式，可以有很大的不同。投資管理費也是如此，從實際情況

正確來看，積極管理型基金的管理費非常高——甚至遠高於批評費用者所知道的水準。

從管理費占資產比率的角度來說，一般的管理費看來的確相當低：對散戶來說，管理費只占資產的1％多一點；對機構投資人來說，只比資產的0.5％略高（請參閱表21-1）。但這種算法是計算或說明管理費的正確方法嗎？

不對，差遠了！原因如下：投資人已經擁有自己的資產，因此實際上，投資管理費應該根據投資人所得，以及經理人所創造的報酬率來計算。用正確的方法計算管理費占報酬率的百分比，管理費看來就不再便宜。你自己可以算一算，如果未來股票年度平均報酬率，是大多數觀察家所期望的7％，那麼同樣的管理費就不是1％或0.5％，而是更高：個人付出的管理費占報酬率的14％以上，機構法人付出的管理費超過報酬率的7％。

表 21-1 哈佛商學院針對全球各主要國家、超過46,799檔共同基金的調查發現，基金每年的總費用比率相當可觀：

國家	年度基金管理費 總額比率	國家	年度基金管理費 總額比率
加拿大	2.68%	瑞士	1.42%
澳洲	1.60%	英國	1.32%
法國	1.13%	美國	1.40%
德國	1.22%		

但是就連這樣的計算，還是嚴重低估了積極型投資管理的真正成本，因為指數型基金是一種「金融商品」，可以穩穩地提供市場報酬率，承擔的風險卻不超過市場風險。指數型基金目前收取的管理費很低：針對個人所收取的管理費在0.1％以下，對投資機構所收取的管理費在0.03％以下。

　　因為金融商品對所有投資人開放，我們應該應用我們在經濟學概論中學到的教訓：當可靠的商品普遍供應時，任何替代產品的真正成本，是隨著價值增加而比例增加的成本。因此理性投資人應該認為，積極型經理人所收取管理費的真正成本，不是總報酬率的一定百分比，而是隨著經過風險調整，高於市場指數的額外報酬率一定比率的額外管理費。因此，正確的說，積極型管理所收取的管理費非常高。[1]

　　如果你認為，管理費水準應該依據基金股東所得到實際利益的一定比率收取，你一定會驚訝發現，大部分共同基金收取的管理費，和經過風險調整的額外報酬率相比，超過100％。這樣說完全正確：所有超過指數型商品的附加價值（加上若干價值）都流入基金經理人手中。沒有剩下半點好處留給拿出所有資金、承擔所有風險的投資人。基金業的確是一種可笑的行業，值得所有人三思。

　　有哪一種服務業所收取的費用，占客戶所提供價值的比

1　目前台灣股票積極型基金的管理費約為1％到2％。

率，高到這種程度？積極管理型經理人還能夠繼續享受多久的好日子？還能繼續假設客戶看不出真相、看不出積極管理型投資所收取的管理費，和指數型基金相比，費用高得驚人的事實嗎？

積極管理型投資收取的管理費歷史悠久，也很有趣。過去有一段時間裡——五十年前——大家認為投資管理是最會虧損的業務。二次大戰後，美國政府凍結薪資與物價期間，退休基金以「員工福利」的形式勃興，這種新業務由主要銀行控制，主要銀行同意完全不收費用，或只收極少的費用，以「服務顧客」的方式，代為管理退休基金資產。

但是，大銀行找到一種走後門的方式，把這種業務「貨幣化」。當時證券商收取昂貴的固定費率手續費，銀行用信託部門經紀佣金，交換了零售客戶帳戶產生的大量現金餘額，根據這些協議的條款，經紀商得到「互惠」的佣金業務（平均每股40美分），而做為交換；銀行得到客戶帳戶中大量閒置現金餘額，可以用市場當時的利率水準，把現金餘額貸放出去。雙方都從中獲益——但經紀商的客戶沒有，他們的錢只是沉默安排中的「必需品」。

在1960年代，帝傑（Donaldson, Lufkin & Jenrette）、米契爾哈金斯（Mitchell Hutchins）和貝克威克斯（Baker Weeks）等承作機構法人證券經紀業務的公司，已經設立投資管理部門，名義上收取全額管理費（通常為1％），之後卻

把名目上的管理費，以積極型管理操作產生的證券經紀手續費抵銷——所以他們真正的費用實際是零。

新一代的經理人發現，與銀行和保險公司相比，他們可以輕鬆收取更高的費用，因為較高的費用被看做是預期卓越績效的確認。與預期卓越績效的數字相比，積極型投資的費用似乎不重要。任何對於費用的疑問都會被輕易駁回，他們可能會說：「你不會根據手術費用高低來選擇孩子的腦外科醫師，對吧？」

1960年代末期，摩根銀行率先宣布要對機構法人收取0.25％的管理費，當時華爾街的一般業者都認為，這種做法會使摩根銀行喪失數量驚人的業務。客戶永遠不會接受這麼高的收費！但實際上，摩根銀行只失去一位小客戶而已。因此，經理人們意識到可以提高收費，並且確實這樣做了。

就這樣，將近半個世紀管理費持續不斷增加的潮流開始了，客戶認為，如果能夠選中適當的經理人，額外增加的報酬率，應該可以輕鬆超過他們付出的管理費。即使到了今天，雖然大量證據顯示情形正好相反，散戶和機構投資人不知為何仍期望自己選擇的經理人，能夠創造遠高於市場報酬率的收益，這顯然就是大家認為「管理費很便宜」的原因。

經過十幾二十年，共同基金與養老基金的資產成倍增長，同時，積極型投資管理的收費標準增加為三倍或四倍——而非如預期那樣下降。透過這種組合，投資業務愈來愈

有利可圖。高薪與有趣的工作，吸引許多厲害的工商管理人才、碩士、博士成為分析師與投資組合經理人，集體競爭愈來愈激烈。

如今，致力於「價格發現」部分的各方專家，人數估計在五十至一百萬——在五十年前最多或許就五千人。與此同時，特別是在二十世紀最後二十五年的大多頭市場，投資人持續忽略這項費用，因為幾乎所有人都認為費用並不重要。投資管理費用的出色之處在於它收取的方式：沒有人需要支付一個明確的金額。取而代之的是，這項費用由投資經理人默默自動扣除，而且按照慣例，是以資產的百分比（而不是美元）顯示。

現在，隨著回報經驗與回報期待都變低，一個以前被忽視的事實引起愈來愈多人的注意：過去五十年來，以資產為基礎計算的管理費大幅提高——對機構投資人和散戶都提高四倍以上，但由於全球股票市場發生許多重大而複雜的變化，特別是大量熟練的競爭對手湧入，所以投資成果沒有得到改善。

如果說管理費上升、希望「打敗大盤」的績效下降，這樣的趨勢是對投資人提出警訊（當然最應該如此），客觀現實應該使那些認為投資管理費很便宜的投資人三思。[2] 從正確

2　2012年2月，美國勞工部宣布，將要求基金管理業者對401（k）退休金帳戶的相關參與者揭露更多手續費相關資訊。

的角度來看，我們現在知道積極管理型基金收取的管理費並不低廉，反而相當高昂，甚至可以說是非常高昂。

過去五十年來，成交量增加了一千倍——每天成交量從4,000萬股增加到40億股，衍生性金融商品的成交值從零，增加到遠超過現股市場的成交值。機構法人交易占證交所成交量的比率從不到10％，暴增到超過98％。改變遊戲規則的事物，例如彭博終端的擴散、財務分析師、電腦模式、網際網路資訊全球化、避險基金、高頻交易、積極型投資人、收購公司、大型私募基金，全都變成市場中的主要因素。

更重要的是，全世界訓練有素、勤奮工作、創造任何競爭優勢的專家數量大增。因此，今天的股市價格是極多勤奮、獨立、經驗豐富、消息靈通的專家，每天評估本益比的總和，形成的結果就是世界有史以來最大的「預測市場」。一旦證券公司的經理人企圖以高投資組合周轉打敗大盤時，將受到這種專家共識的嚴厲挑戰。

美國證券交易委員會的公平揭露規則要求，所有上市公司任何關於投資價值的一切訊息，要確保同時提供給所有投資人。上個世紀積極型經理人使用的「祕密武器」，目前都已經普及。幾乎所有人都擁有大多數人擁有的一切。所以，如今人人平等。

有大量證據顯示，要在事前看出某特定投資經理人在扣除成本、稅負和目前所收取的管理費後，將來能不能達成

「打敗大盤」這項神聖目標，對任何人來說都極其困難。沒錯，這是真的，有些經理人總是會打敗大盤，但是我們沒有穩當的方法，可以在事前判定哪些經理人會是幸運兒。

價格的確不是一切，但同樣能確定的是，從提高報酬率的角度來分析管理費的增加時，就能明白現在的管理費非常高。難怪愈來愈多散戶和投資機構轉而擁抱指數型基金和ETF——而且有經驗的人更是穩定增加運用這兩種產品的比重。

他們的推理值得深思：首先，大多數積極型管理無法為客戶取勝，因為「人才過剩」使這種方式變成不值得參與的輸家遊戲；第二，能夠打敗大盤的傑出經理人，太難事前從看起來出色的經理人中區分出來；第三，為什麼不接受指數化所帶來持續一貫的良好績效，並支付比較低的管理費和稅負呢？

對於已經採用指數化投資的人來說，積極型投資管理似乎是希望勝過經驗的另一個例子。積極管理型經理人能繼續假設，客戶看不出真相、看不出積極管理型投資所收取的管理費和指數型基金相比，費用高得驚人的事實嗎？

還有幾個再清楚不過的事實：幾乎沒有指數化投資人考慮從指數化投資轉為積極型管理。為什麼要支付超過十倍的管理費（加上更多的稅），得到更多不確定性、較少的長期報酬率，以及對昂貴經理人深深失望的風險呢？

同時，沉迷在複雜的積極型投資管理、工作勤奮又快樂的經理人是否可能想到：目前全球性積極型管理所得到的報酬，已經陷入自己創造的全球性泡沫中呢？管理費下降的陰影，是否已經籠罩投資管理業的未來？

Chapter **22**

資產配置與退休投資規劃

每個人都會死亡，但你的投資並不知道這一點，
因此策略上的大原則是：拉長時間架構，讓複利為你奔跑！

　　是的，死亡是每個人最終要面對的現實，但是身為投資人，你可能太重視這個終點了。舉例來說，假使你計劃把大部分的資產遺贈給子孫，即使你已經八十、九十歲，你的家庭投資所規劃的適當時間架構，很可能還是非常長，長到可以讓你忽略下述一般的投資說法，像是「老年人應該投資債券，追求較高的收益和安全性」、「要決定你的資產有多少比率應該投資在股票上，只要用一百減掉你的歲數就行了」。

　　對你和你的家人來說，比較明智的決定，可能是百分之百投資在證券上，因為你的投資時間架構可能遠比你的「生存時間」長很多。如果你所愛的人（你的家人和繼承人），甚至你所愛的機構（你最喜歡的慈善事業）都很可能比你長

命，而且幾乎一定比你長命，那麼或許你應該拉長自己投資規劃的時間架構，使之長到不但涵蓋你自己的有生之年，也涵蓋他們的生命期間。

舉例來說，如果你現年四十歲，有一個五歲大的兒子，你真正的投資時間架構可能不是（你預期還能活的）另外四十五年而已，而是接近你兒子可能再活的八十年——如果你計劃把任何資金留給他，更是如此。即使你現年七十五歲，如果你有個小孫子，甚至有個你鍾愛的慈善事業，你的投資時間架構可能就該跟他們的存續時間一樣長。

投資人都會死亡，但是我們的投資不知道這一點——坦白說也不在乎這一點（請記住亞當斯密的另一個告誡：「股票不知道你擁有它。」）這種說法適用在包括股票、債券、不動產之類的所有投資。今天具有價值的一切，不管將來是由誰擁有，一樣會有價值。因此，**投資應該總是為投資而投資，不是為你的年齡之類的個人原因而投資。**

不要只因為你到了一定的年齡，或是已經退休，就改變你的投資。如果你買得起精美的畫作，你根本不會因為自己已經到了退休年齡，或是已經慶祝過七十或八十大壽，就對那幅你最喜歡的畫作視而不見。投資也一樣：為什麼不維持一個長期策略呢？

複利很有力量。記得一個故事嗎？某位蘇丹對一位大臣心存感激，因為這位大臣的善行拯救了蘇丹的帝國，蘇丹希

望好好獎勵這位大臣，大臣謙遜的回答說，他只願意接受在西洋棋盤的第一格放一粒小麥、第二格放兩粒小麥、第三格放四粒小麥、第四格放八粒小麥，然後以此類推。

大臣指出，他不需要很大的獎勵，這種加倍賜予的象徵意義，就能夠滿足他謙卑的心。蘇丹高興的接受這個似乎簡單的方法，以便回報自己的感恩之情。悲慘的是，他沒有體認到複利可怕的力量。任何東西連續加倍六十四次，都會變成天文數字。

在這個故事中，少數幾粒小麥經過複利計算後，總價值比整個帝國所有財富加總起來還多！蘇丹為了維持自己在真主阿拉之前的榮譽，最後把整個帝國交給了這位大臣。

所有投資人都必須了解，有兩種風險會衝擊他們和他們的投資：「市場風險」和「通貨膨脹風險」。表 22-1 顯示，這兩種無法避免的風險在八十年期間會造成什麼樣的影響。表格左側的三欄顯示：股票所產生的名目報酬率幾乎是國庫券

表22-1 權衡市場風險與通貨膨脹風險

1926-2006 年間的總報酬率	名目報酬率			實質報酬率		
	年度平均報酬率	負報酬率年度所占比率	年度最高虧損比率	年度平均報酬率	負報酬率年度所占比率	年度最高虧損比率
國庫券	3.8%	0%	0%	0.8%	35%	-15.0%
債券	5.2%	9%	-2.3%	2.1%	38%	-14.5%
股票	10.5%	30%	-43.1%	7.2%	35%	-37.3%

的三倍，而且國庫券從來沒有出現過虧損。至於右側的三欄——經過通貨膨脹調整後——說明的情況大不相同，股票的實質報酬率整整是國庫券報酬率的九倍。

請注意表22-1出現負報酬率年度所占的百分比：國庫券經過通貨膨脹調整前，從來沒有出現過虧損；股票在30%的年度內出現負報酬率，但是經過通貨膨脹調整後，國庫券和股票在35%的年度內，都出現負報酬率（債券略差一些）。

重點不是複利多麼善於增加實質財富，而是通貨膨脹會無情地摧毀購買力，且摧毀的速度幾乎和經濟成長創造財富的速度一樣快。別忘了，只有實質的淨獲利才能花用。

因此，我們要小心一些文宣和廣告，這些東西靠著承諾「讓你賺到驚人的未來財富」去欺騙投資人，卻不解釋通貨膨脹可能產生極為不利的影響，它會冷酷無情的摧毀資本：在1960年用100美元可以買到的東西，現在要花超過700美元才能買到。

通貨膨脹的侵蝕力量可能是投資人真正的敵人。如圖22-2所示，只要經過二十年，1美元的購買力就會萎縮成0.32美元。研究經過通貨膨脹因素調整後的道瓊工業平均指數，可以看出通貨膨脹對投資的真正傷害，請特別注意：

- 從1977至1982年的五年間，經過通貨膨脹調整後，道瓊工業平均指數在五年內跌掉了63%。

- 理性的長期投資人應該知道和記住的是：從 1960 年代末期到 1980 年代初期的十五年內，未加權股市經過通貨膨脹調整後，大約暴跌了 80%。因此投資人在 1970 年代這十年內，實際遭遇比 1930 年代的十年期間還淒慘。

- 1993 年時，道瓊工業平均指數經過通貨膨脹調整後，最終等同於 1929 年高度投機的「泡沫」市場巔峰時期的水準。要花六十四年才能損益兩平，這的確是漫長之至的等待。

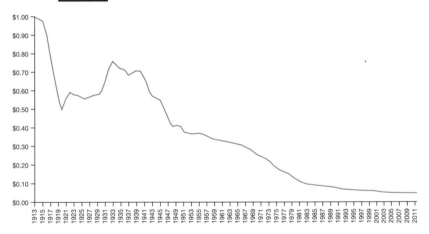

圖 22-2 1 美元價值縮水情形（1913 至 2011 年）

　　投資人開始規劃健全的財務計畫時，一定希望得到下列三個最重要問題的正確答案。

第一，我的計畫能夠確保我在退休之後，經過通貨膨脹能有足夠的所得，保持適當的生活水準嗎？

　　對大多數人而言，這種「足夠的所得」大約等於退休前開支的75％至80％，加上以複利計算，每年增加2％到3％的支出，才能抵銷通貨膨脹。

　　第二，我的財務準備金，足以應付老年時的緊急意外事故（通常是醫療支出）嗎？

　　請注意：一般人在世時，80％的醫療支出都是在生前最後六個月花掉的。女性比男性長壽，妻子又經常比丈夫年輕，因此，大部分的丈夫都希望在自己過世後，能夠讓遺孀過上舒服的日子。

　　第三，剩下的錢還有多少？

　　能夠滿足我遺贈給繼承人和慈善機構的目標和意願嗎？

　　如果這些核心問題不能得到完全、肯定的答案，你的計畫就需要重新考慮和改變，而且可能需要大幅改變。如果你需要改變，現在就該這麼做，好讓時間站在你這邊，並且盡可能為你效力。寫下你的目標，也寫出你希望達成目標的日期，這樣你可以根據自己明確的計畫，衡量你的實際進展，因為在投資的所有問題中，時間是個關鍵因素。當投資決策的動力來自與投資無關的事情時，例如跟子女進大學的時間、跟你獲得一筆遺產的時間有關，或是跟你的退休日期有

關時，那便不太可能是最好的投資決策。要把投資的時間和方式區分開來，你的投資不知道你的期望或意圖。投資市場不會配合你，因此身為投資人，你必須學會適應市場。

在你做為投資人的歲月裡，最適合你的投資計畫會一再改變，原因之一是你的環境和財力會變化；原因之二是你的目標和重大抉擇會改變。但是如果你的計畫考慮愈周到、健全、及早規劃，應該不需要隨著時間流逝而改變你的計畫。

規劃健全的長期投資計畫時，以十年為一個單位最為適宜，因為探討十年這麼久的時間，有助於提醒我們健全的投資具有長期性質。當然，只有實際執行後，先前的規劃才有用，投資人應該遵照某位教練有名的告誡：「計劃好打法，然後照表操練。」

第一步很清楚，就是「擺脫負債」。你清償掉就學貸款和買第一棟房屋的所有負債後，達成了第一次的勝利，這是一種美妙、得來不易的感覺。擺脫負債的關鍵很清楚——就是儲蓄！

節儉度日的習慣（減少花費，並且延後花錢的時間）對儲蓄很重要。只是假設或希望自己的所得應該會超過支出的人，可能是相信奇蹟，但是這種人注定會失望，而且經常會大大的失望。請「先支付你自己」，定期把錢儲蓄起來。平均成本法（定期定額）是先支付你自己的好方法。如果你的雇主有提供固定提撥退休計畫，確保提撥金額提撥到上限為

止。為什麼要把免費的鈔票留在桌上呢？請盡量提撥最高上限的金額參加吧！

慎重、明智的借貸和債務纏身大不相同，合理的借貸者有充足的償還能力，最重要的是，可以自行決定或控制還款的時機，所以會很安心。債務纏身的人只能由貸放者決定是否借錢給他，而且必須在貸方決定的時間內還款，這就是抵押貸款跟「債務纏身」大不相同的原因（就像借貸和欠債不同，退休和年老也不一樣，退休後，你有更多的時間旅行、閱讀、運動和培養其他興趣；但步入老年之後，你每天、每晚都會這裡痛、那裡痛）。

表22-3 每年獲得3.5萬美元實質收入的儲蓄方法

你目前的年齡	30歲	35歲	40歲	45歲	50歲	55歲	60歲
儲蓄目標	300萬	250萬	210萬	170萬	140萬	110萬	94萬
你現有的儲蓄	你每年必須儲蓄多少錢？						
0	6,890	9,248	12,524	17,217	24,300	36,004	58,995
10,000	5,868	8,211	11,463	16,116	23,125	34,689	57,367
25,000	4,334	6,656	9,872	14,463	21,363	32,717	54,926
50,000	1,777	4,064	7,220	11,709	18,427	29,430	50,857
100,000	0	0	1,916	6,201	12,554	22,856	42,720
250,000	0	0	0	0	0	3,315	18,308

（單位：美元）

表22-3說明了跟通貨膨脹有關的重要事實。第二欄的數字是「儲蓄目標」，是你到七十歲時，希望在扣除通貨膨脹因素後，每年可以獲得3.5萬美元花用的前提下，今後所需要儲蓄的金額（如果你希望每年有7萬美元可以花用，以便維持你的生活型態，就把這一欄的數字乘以二，如果你希望有10.5萬美元可以用，就乘以三，其餘以此類推）。下面要說明的是，你應該要怎麼看這張表：

- 在最上面一欄找到你目前的年齡。
- 儲蓄目標是你從七十歲起，希望扣除通貨膨脹因素後每年有3.5萬美元可以花用，今後必須儲蓄的資本。
- 左邊是目前的儲蓄金額——金額從0至25萬美元，是你目前投資在免稅投資工具上的儲蓄，這種儲蓄預期會以每年10％的投資報酬率，累積到你七十歲為止（請注意：10％報酬率是方便計算之用，目前幾乎肯定太高）。
- 這張圖表的其他部分顯示，你每年需要儲蓄和投資多少錢，才能達成你的儲蓄目標。
- 七十歲退休後，假設平均報酬率為7％，而且進一步假設你到了九十歲，所累積的儲蓄應該已經完全用光（請注意：我們許多人會活到九十歲以上）。

請再看一次表22-3,如果你目前是三十五歲(請參閱第二欄),到了七十歲時,希望每年擁有3.5萬美元可以花用,你就需要累積250萬美元的儲蓄。這一欄根據你已經累積的儲蓄水準,說明你每年必須存多少錢才能達成目標。

請注意,其中有一些相當有利的假設:你的所有儲蓄都會投入租稅緩課帳戶,例如401(k)退休金帳戶計畫,同時這些計畫進一步假設每年會複合成長10%(有鑑於目前的經濟前景,這個期望肯定太高),到你七十歲退休為止。從目前的行情水準開始這樣做,這種目標可能可以達成,但無疑具有挑戰性——即使你完全投資在股票上也是如此;若投資在債券上的話,根本不可能達成目標。

還記得用兩個未知數解決等式的代數嗎?你上過三個未知數的課程嗎?我們身為投資人,面對的是相當複雜的挑戰,必須解決五個重大未知數的謎題,至少也要明智、理性的管理這個謎題,何況每個未知數都在不斷變化,這五個未知數如下:

1. 投資報酬率
2. 通貨膨脹
3. 支出
4. 稅捐
5. 時間

有一項假設三十五年投資計畫的分析，以投資人從1964年開始投資高達100萬美元，然後評估各種投資計畫的成果。[1]這段期間內，名目複合報酬率相當有利：股票的名目複合報酬率為11.8％，債券為7.9％，國庫券為6.8％。這令人非常滿意——但是我們很快就會發現，這種成績騙人的意味非常濃厚。理論上，最初100萬美元所產生的最後投資組合價值如下：

股票：5,500萬美元

債券：1,550萬美元

國庫券：1,070萬美元

　　每個人都是贏家！表面上看來可能如此，但下面列出扣除稅負後的成果：

股票：3,020萬美元

債券：660萬美元

國庫券：440萬美元

　　稅負造成的差距真大——對債券和國庫券尤其如此。請

1　安聯伯恩斯坦公司（AllianceBernstein）針對1964至2000年間經驗所做的研究。

注意：研究中假設的稅負極低——投資人只繳納聯邦稅（不繳納州稅或地方稅），沒有其他應稅所得來源，而且夫妻合併申報。對大多數能夠投資100萬美元的投資人而言，實際稅負幾乎一定會比較高。[2]

你要準備接受通貨膨脹的衝擊，因為這就是我們把名目或表面價值變成實際價值的方式，如此一來，結果會相當慘澹，以下是經過同樣三十五年通膨調整後的成果：

股票：540萬美元

債券：120萬美元

國庫券：80萬美元

上述資料顯示，對投資人來說，通貨膨脹是遠比稅負大得多的問題。以實質購買力計算，經過整個世代之後，債券投資的成果只比最初的投資金額多了20％。[3]國庫券的實際購買力比最初的投資減少20％。難怪大家把稅負和通貨膨脹，

---

2 美國股票的有效稅率遠低於債券的有效稅率，因為股票報酬率的一部分來自行情上漲且資本利得的稅率比較低，還經常可以緩課很多年——直到決定賣出後才課稅。在台灣，凡買賣有價證券，如股票、債券，賣出人須被課徵千分之三的證券交易稅。此外，台灣目前並無課徵證券交易所得稅。

3 從1950年起，如果投資免稅的美國市政公債，然後繼續持有，並且把收益再投資，經過二十年，其中只有一年不會虧損。在1950年這個有利的第一個投資年度，扣除通貨膨脹後，會賺到0.01％的收益，但還沒有扣除管理費或保管銀行的費用。

稱為可怕的「財務海盜」。

　　如果這項研究納入共同基金的實際持有成本，例如各項費用和交易成本，情況應該會更糟糕。連一般的貨幣市場共同基金，每年都要收取大約0.5％的費用，債券基金最多要收取1％的費用，股票型基金收取的費用可能高達1.5％。扣除這些費用後，你的100萬美元會得到下列扣除持有成本後的淨收益：

股票：180萬美元

債券：75.5萬美元

國庫券：58.9萬美元

　　最後，就像2008至2009年間的教訓，痛苦的提醒所有投資人一樣，你要賺到長期「平均」報酬率，需要夠堅忍不拔，在市場暴跌、損害你的投資組合與你堅持下去的決心時，完全投資在市場中。

　　「花費」是第二個重要因素，在這方面，時間又會造成所有的差別。請考慮一下兩種常用花錢規則的後果，第一種花錢規則是「把退休後的用度限制在降低到本金的5％以內」。如果你遵循這種花費規則，而且你把資金完全投資在債券上，你100萬美元的實值購買力應該會下降到只剩20萬美元。完全投資在股票上的投資組合做法當然比較好，但是

也好不到哪裡去，這個投資組合大約會上漲30％，或者說一年漲幅不到1％。

另一個花錢規則是「把支出限制在你收到的股息和利息」。遵循這個規則的投資人在一開始時，能夠花用的錢遠不如遵循花用5％本金的人，但是因為股息會隨著企業盈餘而提高，這種投資人很快就會迎頭趕上，在花費方面，會超過第二種投資人——複利會再度發揮力量。

要注意其中微妙的危險：身為投資人，你幾乎總是可以靠著大幅提高債券或高股息殖利率的所謂「收益股」，產生更多的收益。但是其他投資人都很理性，只有在他們預期明天會有更多收益時，今天才會讓你得到更多收益。[4]因此，看來相當高的經常收益是資本的報酬。例如高收益債券可能付出8％至10％的利息，但是這些利息中，有一部分其實是資本的報酬，需要用來沖銷偶爾出現的違約風險，而且高收益債券經常會有違約的問題。

你該怎麼辦呢？退休後，你要變得保守，安全勝過後悔。理想情況下，以投資組合三年平均表現為基準，把你每年提用的金額限制在此基準的4％之內。這個比率會保護你的投資組合，不受通貨膨脹和過度開支的危害；如果你每年

4　市場這個地方是其他參與者樂於讓你從自己的投資中，賺到更多收益的地方，唯一的前提是你讓他們賺到的收益，比他們想要賺的錢還多。

必須提用5％，你一定會想要更高的投資組合穩定性。在你退休那一年，要把等於五年平均支出的資金，投資在中期債券，其餘投資在股票中，且每一年要把下一年的支出從股票投資中撤出，轉為投資債券，除非是行情高漲，人人都認為前途無量時，在這種情況下，你可以把未來兩年要支出的本金，轉為投資債券，這應該會很明智；如果人人都說前途大好，你可以把未來三年的支出從股票轉投資到債券中。不錯，這樣做是某種形式的波段操作（預測市場），但是逆市而行基本不會錯。

如果你必須提用6％的退休老本，才能舒服的過日子，你必須知道，經過通貨膨脹調整後，你將來會用光老本──最後會沒有錢可以用。如果6％還不能滿足你的花費水準，那請設法降低用度到可以永續維持的水準，沒有人希望過著貧賤無依的晚年。

金錢是儲值媒介，把過去和現在、現在和未來連接在一起。你可以根據4％的比率，估計你每年想花多少錢，需要多少財富，才能產生這筆收益。決定你目前擁有多少財富，每年需要儲蓄多少，然後看看能否經由明智的投資計畫，達成累積資本的目標。如果你設計的第一個計畫行不通，就需要回頭再做一次，計劃每年多儲蓄一些，或者多工作和儲蓄幾年，抑或是平常少花點錢。請注意：**樂觀不能幫助你，每個假設都要謹慎、保守。跟你的儲蓄率、投資報酬率有關的**

假設都必須如此，跟開支有關的假設也要如此。

投資人如果依靠每年的投資收益過日子，好消息是國庫券支付的利息每年都會波動，而且有時波動得很厲害，但是普通股投資組合的價值幾乎從來沒有下降過，而且通常還會上升得比通貨膨脹率多一點。

把你的儲蓄和資本目標，跟務實的投資報酬率期望，以及你擁有的時間架構結合起來，就可以畫出自己的投資人三角形，看出你每年需要提撥多少資本或儲蓄，投入自己的長期投資組合中，如此就能達成務實的目標，為退休後準備足夠的錢以供開支（你的會計師或投資顧問可以幫你計算）。

如果你驚訝的發現，每年需要儲蓄和投資很多錢，才能達成退休後的花費目標，那麼知道不是只有你覺得驚訝而已，或許會讓你略感安慰。退休很昂貴，原因之一是「我們可能比父祖輩都長壽」（而且在我們的晚年，有機會用到更昂貴的醫療技術，所以需要更多的醫療費用）。

投資人或許該考慮死亡兩面銳利的諷刺性，如果比預期和計劃的時間早死，儲蓄多年的財力當中，儲蓄者至少會用不到其中一部分；如果死亡時間比預計的晚，儲蓄的錢財太少，結果可能是窮困不堪。你一定要慎重，但不能過度慎重，你可能儲蓄太多，愛你的人不希望你強迫自己過著拮据的日子，好讓他們在你身後，多一筆可以花用的錢。

身為長期投資人，透過健全的投資諮商，找到明智又最

適合你的財務資源、責任、特定風險忍受度、投資技巧和慈善意願的長期投資計畫，是十分划算的做法。諷刺的是，大部分投資人在規劃最適當的長期投資計畫時，不願意花錢尋求真實的幫助。這種嚴重「過失」造成了龐大的機會成本，錯過了原本唾手可得的東西。

大部分投資人花不到5,000美元的費用，就可以得到非常好的投資諮商（通常每十年才支付一次）。大部分投資人每年經常支付超過1萬美元的投資操作費用，例如經紀商手續費、顧問費用和管理銀行費用。諷刺的是，投資人樂意「無知的」付出較高的費用，得到的價值卻比較低。

我的建議是：一年裡選一天（例如你的生日、元旦或感恩節）做為你「完全不管投資的日子」，保證每年在這個日子裡花幾個小時，平靜而有系統的寫出下列問題的答案（第一年的檢討可能要花好幾個小時，第二年開始，你可以更新去年寫下來的計畫，花的時間不會超過一小時，你可以在「檢討日」前大約一星期，重新回顧去年的計畫，在記憶猶新時，反覆做正確的思考與反省，使這一個小時產生更大的效果）。以下這些問題，有助於釐清和說明你的目標：

- 退休期間，除了社會安全系統和雇主的退休給付外，我每年希望有多少收入？
- 我的退休歲月有多少年？（這裡的關鍵是估計你可以

活多久，你可以詢問醫生，如何運用你父母和祖父母的平均壽命，確定你自己的合理「遺傳因素」，再依據現在的醫療進步狀況和你個人生活型態的健全程度，做適當的調整）。

- 我準備依循什麼支出原則過日子？
- 我需要準備多少老本，才能維持退休後的生活？
- 經過通貨膨脹因素調整後，我需要多少儲蓄和保險，才能為配偶和自己，承擔全部的健康照護費用？
- 我希望遺贈多少錢，給每一位家人和任何特別的朋友？
- 我想花多少錢從事慈善事業？

接下來，是大部分投資人認為真正困難的問題，也就是估計你的長期平均年度報酬率，以下是其中一種方便運用的解決方法。首先，要了解在扣除通貨膨脹後，每種投資工具「非常長期」的報酬率大約如下：

股票：4.5％

債券：1.5％

國庫券：1.25％

其次，請記住：在真正夠長的時間內，最重要的投資決

定似乎總是很明顯，有幾條據以行動、做決定的最重要規則：凡是投資十年以上的資金，多半應該投資在股票上；凡是對債券的長期投資都是做為保護——不是避免來自市場的侵害，而是避免你在市場最慘時可能做出的糟糕反應；投資期間低於兩、三年的資金，應該投資在貨幣市場工具上。

接著，是準備你全部投資的完整清單，包括：股票和債券上的投資、住宅的資產價值，以及所有退休計畫的資產。

再來，檢討你的退休收入（你可以求助雇主的人力資源部門或你的會計師），明顯的收入來源包括：個人的退休給付、社會安全給付和你的投資收益。

最後，檢閱你希望遺贈給家人（和別人），以及有意捐出去的善款金額。

在長期的投資中，「善意忽視」會有所報酬。當你小心、嚴格的做出長期投資策略的基本決定後，就要堅持下去。撲克牌玩家經常說：「緊張永遠贏不到錢。」他們應該很清楚這一點。美國科羅拉多州滑雪勝地維爾（Vail）的某滑雪場看板，提供滑雪愛好者絕佳的服務：小孩在這裡託管一天／收費10美元。根據托兒所和那些過度焦慮的父母打交道的經驗，這裡還提供另外兩種選擇：父母看著小孩／收費10美元、父母幫忙照顧小孩／收費25美元。

最後我要說的是：在對你的總資產做出任何重大處置之前，先重新看看莎士比亞的名著《李爾王》。

Chapter 23

提防黑天鵝慘劇再度爆發

如果某件美事讓你覺得「這次不一樣」，
就表示它的確是好到讓人難以置信，所以千萬不要上鉤。

　　2008年12月11日，八千位投資人——原本應該會愉快收到一年一度10％以上投資報酬率的報告，這是他們透過關係良好的朋友私下引介，才能參與祕密、不公開的基金操作所提供的報酬率——結果他們卻發現，自己實際上變成了馬多夫所推動龐大「龐氏騙局」(Ponzi Scheme) 的受害者。馬多夫最初估計，他一共蒸發掉500億美元，對馬多夫的受害者而言，這樁弊案是個人慘劇，因為他們的錢永遠也拿不回來了。

　　馬多夫告訴客戶，他善於從事「價差執行轉換套利策略」，也就是利用衍生性金融商品把風險策略降到最低程度的策略。他清楚表明，這套策略具有極高的個人專利意味，

因此不願意討論任何細節，以免別人模仿他的技巧，摧毀每個人所擁有的一切。他宣稱自己利用這種策略買進股票，賣出買權和賣權（賣出賣權表示在一定的金額以上，不願意參與價格的上漲，同時賣權能用一定的金額，保護投資免於價格下跌的侵害）。

馬多夫曾經擔任那斯達克股市董事長、證券交易委員會常任專家顧問，並且在多個慈善委員會任職，為了保護他的祕密交易程序，他組成一個緊密的小圈圈：透過只有三個員工的超小會計師事務所，查核他所主持基金的財務，所有交易都透過他自己擁有的禁臠自營商執行。

就像1920年代的查爾斯‧龐茲（Charles Ponzi）一樣，馬多夫一直都不是靠著累積的利潤，而是靠著新投資人投入的新現金，付款給那些撤資贖回的投資人。每年愉快收到10％左右投資報酬率的投資人——以這種報酬率計算，投下去的資金只要大約超過七年就會翻倍，接下來的七年會翻兩倍，然後會再度倍增——大部分人只要想到自己的投資會穩定增加，都樂意投資他的基金。馬多夫的績效十分持續一貫：從1992至2008年間，只有十一個月虧損。

這樁弊案讓所有人都學到一個教訓：**如果某事好到讓人難以置信，而讓你覺得「這次不一樣」，就表示這件事的確是好到讓人難以置信，所以千萬不要上鉤。**是的，馬多夫魅力十足、謙虛有禮、聰明過人；沒錯，馬多夫的公司是家族

企業；對，你必須透過朋友的朋友引介，才能加入；不錯，你覺得你一定可以相信他，每個人似乎都相信他；10%的確非常好——足以吸引投資人，但沒有好到不合理。美國證券管理委員會曾收到幾次「密報」，卻沒有發現任何不當行為。馬多夫在多家慈善機構和其他高階位置上有很多朋友。

* * * *

2008年10月6日，冰島這個地理位置偏遠、接近北極圈、歷史上和世界其他地方隔絕、只有三十二萬吃苦耐勞人口的國家，突然變成金融風暴的中心。冰島人經歷一系列的苦難，一向習於儲蓄，也以冥頑不靈聞名，但是冰島已有一個全國性的退休金制度，足以確保所有老年人口的生活安全。冰島總理哈爾德（Geir Haarde）透過電視說出兩件驚人的大事：冰島實際上已經破產，政府已經接管冰島所有的三家銀行。突然之間，一切都變了。

在哈爾德發表這番痛苦聲明的多年之前，冰島雄心勃勃、自誇自讚、自稱「維京突襲者」（Viking Raiders）的年輕企業家大量借貸進行併購。但是突然間，所有貸款都凍結了，而且外匯交易停頓。整個國家破產，三家銀行也破產，冰島很多家庭和企業也一樣。

冰島貨幣克朗在世界資本市場中陷入凍結狀態。貸款容

易取得，加上百分之百的不動產抵押貸款——以外幣貸出，同時不幸的跟通貨膨脹率掛鉤，本地通貨膨脹率每年暴增20％——年輕人被允許舉債購買房子、汽車和家具。原本足以保障所有冰島人晚年安穩生活的退休基金價值突然減半，而隨後又進一步減少。

冰島國營銀行民營化後七年內，冰島的金融機構一共借了750億美元的外債——是冰島國內生產毛額的很多倍，同時使冰島每一個人負債25萬美元（相形之下，美國高達7,000億美元的金融救市方案「只占」國內生產毛額的5％）。有些人怪罪「維京突襲者」，有些人怪罪監理機關管理鬆散。過去從來沒有一個國家或一個國家的人口，淪落在這麼悲慘、嚴峻的窘境中，積欠外國至深且巨大的債務。

這就是冰島總統上電視正告全國國民的原因：「全國同胞們……此刻正是冰島國民必須團結在一起，面對逆境、展現莊敬自強的時刻。我敦促全國國民保護我們每個人生活中最重要的事情，保護能帶領我們熬過這場風暴考驗的價值觀。雖然對很多人來說，前途黯淡，我仍然呼籲各位跟家人共同商討，不要懷憂喪志。我們需要對子女說明世界並未走到懸崖邊緣，我們所有國民都需要從內心中找到勇氣、展望將來……因此，我們憑藉冰島人的樂觀、堅強和團結，一定會熬過風暴，天佑冰島。」隨著對嚴酷現實的理解，冰島全國陷入一片沉默。

五十萬英國和歐洲大陸存戶——包括個人、慈善機構和地方政府——知道他們剛剛損失150億美元，也就是平均每個人損失3萬美元的時候，沒有人同情冰島或冰島的銀行。要收回這些損失所花的時間，會比大多數投資人的有生之年還久。

＊　＊　＊　＊

　　馬多夫和冰島的經驗在某種程度上，都跟2008年可怕的金融海嘯有所不同。馬多夫和冰島的虧損都是永久的，金錢一去不復返。反之，市場卻會回升，因此個別投資人的重大風險，就像過去極為常見，將來也會一再發生的情形一樣，不是市場可能即將暴跌，而是投資人會在驚恐之餘，以最低價或接近底部的價位，出清自己的投資，因而錯過了所有的回升，結果把暫時的市場虧損變成永久的資本損失。每次處於可怕的市場中，都有太多投資人碰到這種狀況。

　　我們全都知道，市場行情由買盤和賣盤驅動，要把行情推升到天價水準，唯一的方法是擁有最多資金（包括借來的資金）的最大多數投資人，相信「股票非買不可」的信念升到最高水準；把行情打壓到最低水準唯一的方法，是堅持不懈、集中在一起的最大量賣盤出現，這一切正是2008年秋季，世界各地所出現的狀況。

這一切剛開始時，大家都深信經濟與企業獲利展望十分良好，而且相信低風險的看法。在世界上一個又一個股市中，股價漲到「完全反映」和「居高不下」的水準之間，市場上便宜的標的少之又少，如果經濟和企業獲利基本面繼續提升，這樣的股價或許還沒有問題。但是在投資人期望最劇烈的反轉狀況中，投資人、銀行、個人和政府一直利用債務融通擴張，以致於出現驚天動地的崩壞。

　　信任消失，信用跟著付諸流水。罪魁禍首是融資的利用不斷增加，美國尤其如此。寬鬆的信用條件、居高不下的不動產估價、低落的利率、衍生性金融商品、利用融資的避險基金興起，以及美國證交會授權華爾街經紀商提高舉債額度，是這場便宜信用雞尾酒會中的主要因素。

　　決心解除經濟管制的共和黨人，和有意幫助更多家庭取得房屋貸款的民主黨人結合在一起，因而同意改變住宅貸款法規，增加房利美（Fannie Mae）和房地美（Freddie Mac）兩家房貸機構的信用供應，最後導致了沒有所得、沒有工作、沒有資產的貸款戶借「忍者」貸款[1]——假設自己可以在不斷上升的房價中投機獲利。不當的房貸案例經過包裝，進行證券化，賣到世界各國。這種房貸證券取得過於有利的

1　意指撥給那些沒有收入、沒有工作、沒有固定資產（No Inaome、No Job and No Assets）人們的貸款。

信用評等，是根據過高的財產估價與評估，以及所投保的信用違約保險，事後也證明這樣的保險極度不足。房貸證券價值一暴跌，痛苦就傳播到每一個地方去。

經濟、市場和心理骨牌一個推動一個，當大家發現信用評等有問題，證券價值因而大減，信心消失，信用市場凍結，貸方抽出避險基金的銀根，經紀商被迫賣出。投資人贖回避險基金的行為加重了賣壓，避險基金和其他機構拋售股票，籌集資金，應付貸方預期股價會進一步下跌，因而堅持抽取避險基金銀根的要求。信用市場繼續凍結，著名的金融機構倒閉，政府的救市方案跟政治局面衝突，強迫性賣壓和預期會有更強大賣壓浮現的心理出現，因而主導已經因為擔心經濟衰退而下跌的市場。美國股市在十四個月內，喪失了一半的總市值——損失金額超過 7 兆美元。

信用評等機構遭到嚴厲抨擊，因為他們不能了解自己賦予最高 AAA 信用評等的次貸債券的真正信用。奇異公司之類的大企業甚至無法轉融通短期商業票券，雷曼兄弟公司倒閉。美聯銀行和華盛頓互惠銀行被迫強制合併，美國最大的保險業者美國國際集團（AIG）遭到政府接管。類似的慘狀困擾各國商業銀行、中央銀行和無數國家的政府當局。

每個投資人在危機中都會問：「現在該怎麼辦？」這個問題為風險的真正意義展現新的一面。在古典和最有力的定義中，風險是無法接受的永久虧損的函數。馬多夫和冰島的

例子證明了這種風險，雷曼兄弟公司和其他業者倒閉，也證明了同樣的事情。為「逃往安全地帶」而賣光股票的個別投資人，他們使自己的市場慘劇變成永久性質的虧損。就像過去一樣，對長期投資人來說，最嚴重的錯誤是出清股票：這是在動物跑光之後才鎖上穀倉門。從華爾街的術語來說，這種事情是重大的「黑天鵝」事件——黑天鵝是罕見的生物，但是牠偶爾會突然現身。

Chapter 24

正確處理 401(k) 退休金方案

如果我們任由事態發展，結果就是數百萬勞動者擁有的錢，
將遠遠不夠過上舒適的退休生活。

在美國，成千上萬的公司員工從傳統退休金計畫，轉為
401(k) 退休金制度。除非許多公司的管理高層決心盡快做
出改變，採用「引導性401(k)」，否則這些人的退休生活將
面臨嚴重的財務問題。

401(k) 退休金制度的問題清楚而明顯，並且不斷惡化。
所幸公司管理高層可以解決401(k) 大部分的問題，只要做
出某些大公司已進行的兩項變更：

1. 制定所有最佳實務標準。
2. 重新設定預期的退休年齡。

就像有愈來愈多觀察家漸漸警覺的，除非我們盡快採取矯正行動，不然國家即將面臨一個重大問題——普遍的退休不安全感。儘管在經濟頂端三分之一大多數的富裕人士不會有事，但這個問題卻嚴重威脅到底下的三分之二，尤其是最底端的三分之一——他們有遭受三重嚴重負面打擊的風險：年邁、貧窮，以及孤獨。這可能讓社會重回1950年代初期的不公義，而那是我們極力想要擺脫的問題。

這種情況沒必要發生，只要我們盡快採取明智合理的行動，就可以避開這惱人的問題。你能快速且自信的回答以下有關「退休安全」的關鍵問題嗎？

- 將適合退休的年齡設定為六十五歲，是什麼時候的事情？
- 若現今的工作年數與退休年數比，和制定社會安全制度的1935年相同，今天的最高退休年齡應該是幾歲？
- 如果你在七十歲才申請社會安全津貼，和六十二歲就申請相比，兩者有什麼差別？
- 有多少人會需要「輔助生活」（assisted living）？
- 有多少美國勞動者知道如何妥善為退休生活儲蓄、規劃與投資？

答案如下：

- 六十五歲這個年齡是超過一百三十年前的1880年代，由德國宰相俾斯麥所設定，當時人們的預期壽命低於五十歲。如今卻是八十六歲，而且一直在增加。

- 如果我們維持與1935年相同的工作年數與退休年數比，現在的退休年齡應該略高於七十歲。

- 差別高達76％！等到七十歲才申請社會福利津貼，而不是六十二歲就申請，年受益增加率達76％──這不受通貨膨脹影響，又能持續終身。

- 大約半數的伴侶在六十多歲時，預想至少有一人需要起碼六個月的昂貴輔助生活照護。

- 太少了。隨著從傳統的確定給付制轉為確定提撥制或401（k）方案，數百萬勞動者（沒有所需的投資經驗，又被太多掠奪成性的業務員虎視眈眈）必須自己決定，要儲蓄多少及如何投資，才足以負擔退休生活的支出。這個散戶投資人的決策歷史，實在令人不放心。

401（k）的主要問題不在於方案設計或計畫資助者，而在於貫徹落實。在多數情況下，所有重要決策並非由公司決定，而是由每個員工自己決定。但大部分人沒有受過訓練、準備或相關技能，因而無法做這些重大決定。所以現在的證據顯示，我們都犯了十分人性的錯誤，而且在每個階段都犯錯──參與401（k）的個人會在八個不同階段犯錯：

1. 沒有參與自己公司的退休方案。
2. 沒有做「相對提撥」(matching the match)。
3. 沒有隨薪酬提高而增加提撥（理想情況是給付津貼的 12%以上）。
4. 在工作銜接空檔期間，從401(k)借貸或扣款去維持該段時間的開支。
5. 在市場如漩渦般打轉時改變投資——買高賣低。
6. 覺得「因為我們可以」而太早退休。
7. 退休後每年提取太多金額。
8. 沒有想到晚年時醫療照護與輔助生活成本激增。

如果我們任由事態發展，結果就是數百萬勞動者擁有的錢，將遠遠不夠過上舒適的退休生活。他們將因為「活得太久」而耗光積蓄，正好與美國夢大相逕庭。許多人會發現自己孤立無助，老到無法重返工作，手裡的錢又太少，而且晚年的健康照護與輔助生活費用迫在眉睫。高齡者會質問：「你們看得到問題出現——為什麼不告訴我？」

大型龍頭企業利用從行為經濟學中學到的心得，發現並採用一套有效的最佳實踐。這些公司沒有放任員工自己分析複雜的問題，然後去做每個重大決定，包括是否「選擇參加」(opt in)，而是將員工引導至最佳實踐：如果員工不接受最佳實踐，就是「選擇退出」(opt out)——由自己做決定。經

驗顯示：這種從「選擇參加」變「選擇退出」的簡單轉換，大大影響參與的員工數量，而且能儲蓄足夠的錢，並明智地進行投資。如果我們制定出經過驗證的最佳實踐標準，就會有更多美國勞動者走上安享退休之路。

表24-1是根據已經做出變革的公司經驗，顯示光是將勞動者的決定從「選擇參加」變為「選擇退出」，對於退休金方案的參與率就有令人驚豔的影響。

表24-1　「選擇參加」與「選擇退出」對參與率的變化

	選擇參加的參與率	選擇退出的參與率	參與率變化
連結方案	75%	95%	+20
相對提撥	70%	95%	+25
漸增提撥	30%	80%	+50
明智投資	30%	90%	+60

第二個重大問題是，許多勞動者以為六十五歲（甚至更年輕）是退休的「適當」年齡。只要大略瀏覽歷史並展望未來，就會看出為什麼這個假設早已過時且相當危險。

如前所述，一開始以六十五歲為退休年齡，是在1880年代俾斯麥掌權時的德國，當時甫出生者的平均餘命只有四十五歲（十八個月後就成了六十五歲）。基於德國與英國的前例，美國在1935年制定社會安全制度時，就納入六十

五歲退休的想定；當時的人到了六十五歲，平均餘命只有六年。如今六十五歲男性的平均餘命有二十年，女性則是二十二年（25％的伴侶，至少有一人活到九十多歲）。

從確定給付方案（這可說是發展至今最理想的消費者金融服務）換成401（k）方案，轉變勢不可擋。如今終身只在一家公司工作的人遠比從前少，所以他們希望這個方案有可攜性。而計畫資助者擔心成本也可以理解。儘管接受現實很重要，卻不代表我們在知道如何讓401（k）方案運作得更好時，必須接受目前方案中的所有不完美。

大部分公司想在退休方案上做出正確的事，因為他們在乎員工的福祉，也知道穩健的退休方案可以吸引優秀員工，並培養積極的士氣。在為401（k）方案制定政策，以及平衡員工、退休人員與老闆的利益時，每家公司都有自己的優先順序。這就導致不同的公司各因不同的理由，而採取南轅北轍的做法。只不過，401（k）的經驗顯示，許多公司若採取龍頭企業的最佳實踐，將有一系列的機會去改善方案。

讓我們從一個鏗鏘有力的宣言開始：以下建議，全是根據資助401（k）方案的龍頭企業所驗證的最佳實踐，無須強制個人參與者接受。但每個方案都應該要有，而且是個人參與者自願選擇，提供「選擇退出」條款以保護每個人的選擇自由。

二十年的退休生活代價高昂——對許多人來說，靠著社

會安全制度逐漸減少的津貼，以及401（k）不充足的資金，實在太過昂貴了。一個六十五歲的美國人，目前的401（k）餘額中間值只有12萬美元。若提取4％──市場報酬減少2％來抵銷通膨，那就是一年只有4,800美元；加上社會安全與401（k）提取款項的平均加總給付，比起六十五歲仍在工作者約6.3萬美元的勞動所得中間值，有著嚴重落差。

七十歲仍在工作有莫大的好處。就從社會安全制度算起，仔細檢驗社會安全津貼，可看出一個重要事實。由於過去的變化，財務上最理想的退休年齡，已經從六十五歲變成七十歲。雖然美國社會安全局仍指稱六十五歲為「最高退休年齡」，但勞動者如果願意，甚至可以提早在六十二歲申請津貼；而工作到七十歲的財務報酬則令人瞠目結舌。七十歲起請領社會安全津貼，比六十二歲申請的津貼高出驚人的76％（一如以往，這些津貼不受通貨膨脹影響，而且持續終身）。

除了社會安全津貼增加76％外，工作到七十歲讓員工多了八年時間，可以提撥更多錢到401（k），而且省下八年沒有提取的給付。兩種變化加總起來，能讓員工的401（k）結餘，在納入投資報酬率之前就翻漲一倍。若再加上投資報酬，401（k）結餘可能不只增加一倍，而且依照投資報酬的不同，還可能在這八年期間變成三倍，達到平均約36萬美元。這就讓一般退休人士每年多出1.2至1.5萬美元。

社會安全津貼高出76％與401（k）給付增至三倍，大概可以確保許多退休人士有舒適的退休生活。既然察覺到這些財務現況，誰會不想工作與儲蓄年數增加五分之一，讓退休生活每一年都能有三倍的收入？

關於有多少美國勞動者的積蓄不足以支應財務無虞的退休生活，雖然各種估計結果各不相同（因為在退休前「所得替代率」方面，究竟是60％、70％或80％才足夠？看法有分歧），但所有專家都同意，除非我們盡快做出改變，否則數百萬美國勞動者手裡的錢太少，無法擁有舒適的退休生活。實際運作的現況遠遠落後於理論，也沒有達到401（k）方案早期的承諾，漸漸成為企業退休方案的主流。

對於那些所得僅略高於5萬美元、達不到中間值的人來說，儲蓄尤其困難。決定儲蓄多少，幾乎對所有人都是艱難的挑戰；長期為遙遠的未來進行明智投資，對每個人來說更是難上加難。

然而，如今正在實施的401（k）方案，有許多是將儲蓄和投資決定，全部交給參與方案的個人。就我們所知，透過許多人在投資方面所犯的錯誤，應該能預料到麻煩將至——這個麻煩如滾雪球般愈來愈大，逐漸朝我們逼近。

美國可以改變退休史的方向。只要我們確定每個勞動者都了解工作更久的重大好處，以及施行401（k）方案的雇主——獲取我們國家一年斥資超過1,600億美元的有利稅率

——承諾採用經過驗證的自動登記最佳實踐；自動「相對提撥」；自動增加儲蓄，例如員工每次加薪就有四分之一投入其存款；投資「目標日期」（target date）基金，或是採用低成本指數型基金、合適年齡的平衡型投資。做出這些變革的最終結果，可能會使數百萬位退休人士的日子，從錢太少變為擁有體面寬裕的安穩退休生活。

想知道參與這類計畫的人為什麼應該這樣做，並盡可能做到最大極限，只需看看圖24-2。注意盡早開始與複利的巨大影響！

圖24-2 延後課稅的投資比應稅投資成長更快（假設每年5,000美元的投資獲利8%）

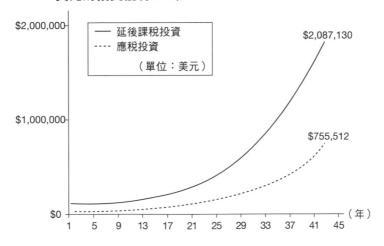

以下是一連串的退休投資建議。請逐一認真思考：

1. 不要將對公司的忠誠與投資智慧混為一談。許多401（k）投資人投資自己雇主的股票，因為他們了解且信任公司，千萬別這麼做。在你工作期間，主要經濟已依賴那一家公司了，為這種經濟關係增添分量，並非聰明的分散風險。

2. 不要更改投資管理人。不變更管理人的最好方法就是指數化投資。

3. 不要「投機」。每十年做超過一次改變計畫，幾乎就算是太多，而且可能代價高昂。

4. 從所得自動扣繳——在看到錢之前就儲蓄比較容易，並且安排在每次加薪時，也提高儲蓄的比率。

5. 讓你的孩子或孫子盡早開始。只要他們開始自己賺取收入，就可以設立個人退休帳戶（IRA），每年為他們提撥最高5,000美元，端看他們的勞動所得有多少。有個重大疑慮是，許多年輕的401（k）投資人儘管距離退休仍有數十年之久，但在最初的投資組合中，投入貨幣市場或「穩定收益」基金的比率卻高得驚人——這樣是在儲蓄，而不是投資。其實，他們應該要確保自己有足夠的退休安全保障。

6. 如果你的雇主提供「人生週期」或「目標日期」基金，混合了股票與債券指數型基金，但比率會隨著你逐漸接近退休而合理變動，請認真考慮這個省事、

不麻煩的選項。

7. 務必確定每年都投資足夠的錢，才能充分善用雇主的相對提撥（大部分公司都有相對提撥，如此一來可以立刻讓你的錢翻倍。這是很好的起步）。

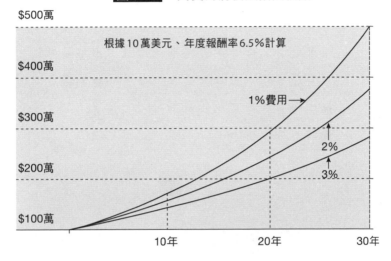

圖 24-3　高費用將侵蝕投資績效

8. 費用很重要——而且可能有天壤之別。貝萊德、北方信託、道富及先鋒等基金業者，針對指數型基金收取的費用不到 0.1％；但另一家指數型基金管理者收費達十倍之多，除了費用多出 50％，達到 0.15％，還外加 0.35％ 的 12B-1 行銷費用，再加上其他支出，加起來可能超過 1％。而其他業者（通常是供應小型

方案的保險公司）收費甚至更高！久而久之，這些
費用的差異在複利計算下，可能出現如圖24-3所顯
示的巨大落差。

9. 羅斯個人退休帳戶（Roth IRA）對年輕人來說合理
可行。大部分共同基金公司都提供清晰而簡單的指
南，可判斷這個帳戶是否適合你。

10.有些人擔心形而上的「家長式專制」；有些人憂心未
來可能因為監管方面的不確定性，出現集體訴訟官
司；還有些人擔心政府管制太多。如果國會為所有
採用確立最佳實踐規範的公司，提供「安全港免責
條款」（safe harbor），這些疑慮都會煙消雲散。

Chapter 25

懂花錢，才會更富有

金錢是有效儲值或轉移價值的方式，
在滿足生涯規劃之餘，你還能用它來影響別人。

投資人可以（且確實應該）透過適當關注所有西洋棋棋手都知道的重要觀念——殘局，大幅增加他們一生的財富與情感成就。

如果你像很多美國人一樣幸運，賺到或繼承的財富，在保障你過自己所定義的「好生活」之外還有結餘，那麼你就有機會也有責任，決定這些錢不該花在什麼地方、不該用什麼方法花掉。大部分人重視兩種大不相同，卻都可能具有重大意義的受益人：一是人（通常是家人）；二是價值觀（通常是大學、學校、醫院與宗教團體之類的慈善組織）。

決定怎麼處理你的資金，以便盡量擴大資金的實際價值，可能和決定如何儲蓄、累積和投資一樣重要。提供退休

所需要的花費是第一個重大挑戰；遺贈給你摯愛的人是第二個重大挑戰；第三個可能令人興奮和滿足的重大挑戰，就是「回饋」我們的社會。

由於金錢是極為有效儲值或轉移價值的方式，投資人在滿足一生的需求和需要之餘，如果有餘裕，就有機會影響別人。用資產行善的人是有福的；雖然心懷好意，卻用資產造成傷害的人，則是可惡的。

財富就是力量——財富有力量行善和為惡，財富愈多，表示力量愈大。成功的投資人不論希望或意願如何，都應該慎重考慮他們可以移轉給子女的財富總額，是否可能扭曲子孫的價值觀和重大抉擇，或是剝奪子孫自行開創人生道路的樂趣，因而對後代造成真正的傷害。已故的性感巨星梅・蕙絲（Mae West）宣稱「好事多多益善」時，說的是她的肺腑之言，但是，龐大的遺產對你的子女經常未必是好事。富家子弟景況悲慘的例子太常見了。

哈佛大學慈善顧問查爾斯・柯里爾（Charles W. Collier）說：「成功的家族會針對本身的財富，做出思慮周詳的抉擇，考慮自己的決定對子女、配偶和孫兒生活的影響。最重要的是，他們會在子女年齡適當的時候，跟子女公開討論，討論跟家族真正財富有關的所有問題，盡快賦予較年輕家族成員所能付出的最多責任。」

柯里爾在其著作《家族財富》（*Wealth in Families*）中解

釋道：「根據亞里斯多德和他後代學生湯瑪斯・傑佛遜的話，『追求幸福』跟學習認識自己的內心旅程有關，也跟服務他人的外在旅程有關。」

就你所愛或覺得必須負責的人，列出若干財富移轉的可能性之前，我們應該記住金錢強大的象徵意義。心理醫師覺得很奇怪，在心理治療的早期，雖然病人能暢談跟父母的關係、兒時的經驗、主要的希望和恐懼，甚至可以暢談非常隱私的事情，例如夢境和性經驗，然而，對於「金錢」這個主題，病人卻幾乎從來沒有討論過。金錢經常是眾多象徵中的熱核彈，會以不同（而且經常是相當意外）的方式，對不同的人代表很多象徵。

大多數人很難坦然、充分、理性和明智的討論跟金錢有關的事情，因此，在計劃怎麼把你的錢留給其他人時，最好特別小心謹慎。不錯，錢現在是你的，你活著的時候也是你的，但是這兩種令人高興的現狀不會永遠持續下去。規劃健全的遺產計畫時，你會希望得到專家在法律方面的建議，但是下面有一些事情值得你進一步思考，考慮時要承認每個人有自己的目標和財力，並且希望自行做出決定。

第一，你每年最多可以贈與每位你希望贈與的人 1.4 萬美元，不必繳稅。已婚夫婦每年可以彼此贈與 2.8 萬美元。[1]

1　根據《中華民國遺產及贈與稅法》規定，配偶相互贈與之財產、父母於子女婚嫁時所贈與之財物，總金額不超過 100 萬元者免稅。另外贈與稅納稅義務人，每年得自贈與總額中減除免稅額 220 萬元。

長期而言，大多數投資人可以把這種年度贈與額度，做為遺產稅規畫和家庭投資管理計畫中的主要部分，甚至使其成為最重要的部分（對幼年子女的贈與，可以根據未成年人統一移轉法，由父母當監護人）。這種贈與有一個主要好處，就是在你死亡時，可以完全規避遺產稅。

你可能特別重視子女，這種贈與確實可以累積，原因之一是贈與部分未來賺到的投資收益，是用子女的稅率課稅，這種稅率幾乎可以確定會遠比你的稅率低。經過二十年，每年贈與的1.4萬美元配合明智的投資，可能累積到將近50萬美元；父母每年共同贈與的2.8萬美元，二十年後，可能變成超過100萬美元。**成功的關鍵還是時間與複利，因此要好好規劃，早早開始，並且始終遵循計畫。**

第二，在針對個人的其他免稅贈與方面，你一生有100萬美元的上限。如果你有足夠的資金，要認真研究遺產稅率表，尤其是研究你可能適用的最高稅率，這樣會強力敦促你利用這種贈與權利。你要考慮複利的累積效果，這樣會鼓勵你在人生早期，盡早利用這種權利。

第三，雖然英國伊莉莎白時代的法律反對「永久所有權」，美國國稅局卻容許你在100萬美元的限額內，成立跨越世代的免稅家族基金（你的子女可以決定這種信託資產要怎麼分配給他們的後代）。把資產撥進這種基金前，必須繳交贈與稅或遺產稅。然而，開始時繳完這些稅之後，資產就

可以在跨越世代的免稅環境中增長和累積，時間通常是八十至一百年。請記住：如果這筆投資在繳交所得稅後，每年增加7%，每十年就會增加一倍，經過一百年，100萬美元可能變成10億美元（當然，這還沒有經過通貨膨脹調整）。同時，這個家族基金可以像「家族銀行」一樣運作，視需要分配額度或貸款給家族成員。

第四，有個有趣的法規叫做「合格個人住宅信託」，可以讓你移轉你的住宅所有權給子女，並且讓你在一段期間內，例如十五年內，不必支付租金，照樣住在你的房子裡。只要不是在信託到期前死亡，你可以節省一大筆遺產稅，同時又可以把住宅所有權移轉給你的子女。住宅能以「應稅贈與物品」的方式計算，進行移轉，價值只有目前行情的兩、三成，原因在於美國國稅局認為，贈與物品應稅現值，是子女在十五年信託期結束接收所有權時的價值（這種比現值低落的折價，是複利促成的有力累積或增值的好處）。

第五，如果你希望移轉大筆資金給後代，卻擔心他們在達到「財務成熟」的年齡之前，太早使用過多的錢，扭曲他們的價值觀和人生，那麼你可以考慮美國前總統甘迺迪的夫人，後來嫁給希臘船王歐納西斯的賈桂琳的做法（後來由她子女根據其遺囑中的一條選擇權規定，撤銷這種安排——你可以在自己的遺囑中省略這種安排）。

以下是賈桂琳大致做法：你可以設立一個二十至三十年

期間的信託，規定這段期間內，每年提撥收益給你最喜歡的學校或慈善事業（規定一定的金額或占信託資產的一定比率），信託本金依你選擇的期限，在二十至三十年後付給你所選定的受益人——例如子女。這種做法沒有遺產稅，只有根據國稅局規定的利率折價後的信託本金估計淨現值，必須繳納贈與稅，這種淨現值只有本金在二十至三十年後可能市值的一小部分。

如果你擔心現在把財富移轉給三十至三十五歲的受益人，可能造成傷害，卻肯定未來同樣的財富移轉，不會傷害屆時已經六十至六十五歲同一人的價值觀，這種信託可能是有效移轉財富、稅負又最低的方法。請注意：所有關鍵數字都是根據很久以後的市值之長期估計值，聰明的投資人會希望在幾種不同的情況下，研究出信託的特殊條款和投資政策，並且選定自認最有信心又最安心的選擇。

第六，要送出100萬美元，用遺贈的方式所需要的資金比贈與多，遺贈的方式需要220萬美元，贈與的方式只需要155萬美元。因為贈與稅是根據贈與物評估價值，跟已經繳納的其他稅捐無關，而遺產稅是根據扣抵各種稅捐前的全部遺產，評估其價值。[2]

2　根據《中華民國遺產及贈與稅法》，遺產在扣掉各項扣除額及免稅額後之課稅遺產淨額，課徵10％稅率。贈與則按贈與人每年贈與總額，減除各項扣除額及免稅額後之課稅贈與淨額，課徵10％稅率。

第七，奇怪且相當正確的是，遺產稅律師會建議你，在你死亡時，最適合用來做慈善事業的資產，可能是你目前免稅定額提撥的退休基金計畫，例如你的401（k）退休金帳戶、403（b）退休金計畫、個人退休帳戶或分紅計畫。這種異常狀況令人驚異，但千真萬確，因為這些資產必須包括在你的遺產中——不但適用遺產稅的課徵，也適用所得稅的課徵，因為給付是在你死亡當天發放給受益人，如果你決定把資金捐贈給慈善機構，這兩種稅都可以避掉。

　　探討複雜問題時，逆向推理可能是消除憂慮的好方法。投資人可以不把遺產稅當成財產稅，而是當成「過度謹慎」所課的稅——你不願意在活著的時候，特別是在離死亡還很遠、很遠的時候，就替你的財富分配，做出不可撤銷的決定，因而對你課徵的稅。如果你願意並且可以就未來長期的資金安置，做出不可撤回的決定，就可以節省大筆的稅負。而且就像常見的情形一樣，省下一分錢就是賺一分錢。

　　不過，大部分投資人還不願意做這種分配財富的決定，但是請記住：唯有現在為未來做出決定，才能最大限度運用複利的力量，實現你精心制定的目標。[3] 要創造人生最大的財

3　克勞德‧羅森柏格（Claude N. Rosenberg）寫了許多本好書，除了教人如何投資賺錢之外，也寫了一本《富而睿智》（*Wealthy and Wise*），那是率先探討「如何思考你能做出什麼奉獻」的佳作。他的分析顯示，大部分人可以比自己所知道的慷慨多了。

務成就，可以分成五個階段：

1. **賺錢**
2. **儲蓄**
3. **投資**
4. **捐贈**
5. **遺產規劃**

　　在理想情況下，你可以享有完整、平衡的生活，同時在每一個階段遵循你的價值觀，在一組可行且可得的機會限制下，達成最大的成就。就像在投資的其他領域中一樣，明智的做法是事前規劃，（在各種限制下）保持保守態度，而且善用時間早早開始，盡量長期維持你的承諾。

　　教育通常是你最好的投資，不論你是投資自己或你的子孫後代——或是針對其他非常聰明的孩子，提供原生家庭無法提供的教育。多年來，教育提升了賺錢能力，促使受教育的人變得更富有，更能享受有趣的生活，擁有更多的選擇自由。另一種「最好的投資」是透過運動、控制體重、禁菸之類的方法，保持良好健康，你的確可以用一個比較低的總成本，活得更長壽、更好。

　　刻意盡量擴大儲蓄和投資金額的投資人，也會希望把同樣多的注意力，放在盡量降低稅負所造成的資金分散，尤其

是遺產稅所造成的資金分散。這樣做有助於達成你的財務目標，支持你主要價值觀的資金總額。

聰明人在思考遺贈子女和孫兒時，會把重點放在決定什麼金額最好——也最與眾不同。請想一想美國作家馮內果（Kurt Vonnegut）所說，下述通往智慧的詩意門徑：

這絕對是真實的故事、光榮的說法。已故的幽默作家約瑟夫·海勒（Joseph Heller）生前，和我曾一起參加一位億萬富翁在雪特島（Shelter Island）上舉辦的宴會。

我說：「約瑟夫，知道我們的主人光是昨天賺到的錢，就比你的著名小說《第二十二條軍規》發行以來所賺的錢還多，你有何感想呢？」

約瑟夫說：「我有他永遠不會有的東西。」

我說：「到底是什麼東西？」

「是我所擁有的足夠知識。」他說。

美國兩位最有錢的富翁已經決定，只留給子女少少的遺產。巴菲特說，留給子女最適當的金額是「足夠讓他們覺得什麼事都能做，卻不多到讓他們什麼事都不做的金額。」巴菲特的朋友比爾·蓋茲同意這種看法，他說：「我認為我的財富應該回饋社會，而不是把很高比率的財富傳給子女，原因之一是，我認為財富應該不會為他們帶來好處，他們真的

必須走出去，努力奉獻社會，我認為這點是充實生活重要的因素。」

父母考慮遺贈子女時，知道每位子女都是獨一無二的個體，他們各自的財富、賺錢或財務需要可能大不相同，這種情形是父母難以決定「公平」和「平等」之間的分際。

最好的財務計畫可以解決家裡每一位既是個人又是家人，彼此間天生的緊張或互動力量。資金移轉可能造成家人關係分裂或加強，在租稅方面正確的做法對你家裡的個人可能正確，也可能不正確。

大部分家族都擁有核心價值觀——例如慈善精神或企業精神的重要性——這些價值觀需要靠金錢來實現。在下一代的成長歲月中，分享和培養這種價值觀會是關鍵的部分，你賦予財富的意義，可以充分說明你是什麼樣的人，說明別人對你的看法，也說明別人會怎麼懷念你。這就是為什麼和家人培養共同的價值觀，以及闡明能影響整個家庭判斷的指導原則是如此重要的原因。

我的建議是：要花時間，用一頁左右的文字介紹你的遺囑，把你的價值觀和情感，分享給你所愛的人，這或許是你最後一次被傾聽的機會。[4]扣掉希望移轉給摯愛的家人和親友的錢之後，如果你還有多餘的資金，則不應該忽視一種你可

4　這段睿智文字，出自哈佛大學教授柯里爾2006年出版的傑作《家族財富》。

以為自己創造，而且具有重大報酬的機會，就是透過行善，讓美好的事情實現。

「捐錢行善」的說法使這整個理念走上錯誤的方向。相反的，你要從發揮想像力和努力思考的角度，把你的錢「投資」下去——應用你多年來靠著技巧創造、儲蓄的價值——透過你所愛的人和機構，促使美好的事情實現，同時造福大家。你在促成別人的生命良性發展的過程中，可以得到絕大的快樂和個人的精神滿足。

認為「自己獨力創造龐大財富」的人只對了一半，創造財富的人的確大都很勤奮、甘願冒險，而且克服了重大的障礙。然而，他們或許應該好好想一想，要是他們誕生在中非、中國西部或其他地方，他們到底會創造多大的成就。大部分美國人都知道，我們的成就有一大部分可歸功於美國經濟動力十足、無數的市場機會和美國的教育制度，也可歸功於免稅讓投資價值得以複利成長、賣出後才僅需繳納資本利得稅的環境。

就像英國詩人鄧約翰（John Donne）所說的一樣：「沒有人是一座孤島。每個人都是這塊大陸的一份子，主體的一部分。」擁有少許財富的人，可能把重點放在自己的家人身上，放在本地的一些慈善團體上；擁有較多財富的人，可能會回應全人類去運用自己的能力，發揮創意把財富用在減少痛苦問題或增加機會上。在馬斯洛（Abraham Maslow）著

名的需求層次理論中，超過「自我實現」層次的階段是超越性。只有在我們超越自己，看出跟服務別人需要與希望的更大滿足後，這些需求才能夠實現。

捐贈者知道，看到自己創造的財富——自己靠著勤奮工作、想像力和好運儲存下來的成果——在自己活著的時候，根據自己認為重要的方式，重新展現新生命、發揮作用、減少個人或社會所受到的限制，又促成美好的事物實現，的確是莫大的快樂。

有一句老話說得好：「生不帶來，死不帶去！」每個設法回饋一些東西的人，毫不例外，都會以真正滿意的模樣，談起他們人生中的這個層次，貢獻愈多的人，發現自己享受的滿足甚至愈大。

選擇行動或改變時，要選擇美夢成真之後，能帶給你深遠的精神滿足或愉快的事情，你要提供資金，促成這些好事實現。就像許多其他人一樣，把財力用在你真正喜愛的行動和價值觀上，可能會十分滿足。

以下是你可以發揮影響力的一些機會：

- 設立獎學金，資助期望在藝術、科學、企業或政府上有一番重大作為的傑出才俊。
- 捐贈獎學金，協助生活艱困、需要有人幫忙以走上正途的青年學子。

- 提供財務資助，藉此追求科學、醫藥或社會正義方面的進步。
- 資助醫院、收容所和其他機構，以此協助處境艱困的人們，或是投身軍隊的服役者。
- 供應資金給可以豐富人類生活的音樂、舞蹈、戲劇、繪畫、雕刻之類的藝術。
- 擔任「行動領袖」，奉獻時間和金錢，促使美好的事情實現，協助你的社區變成更適合居住的地方。

　　你最大的滿足，可能來自服務一家大型的全國性機構、全球性組織，或是服務自己社區中的一家小小實體。有經驗又活躍的善心人士，一致同意捐錢很重要，同時投入大量時間、技術和精力，會得到更大的享受和滿足。不要把你整個人生經驗中這重要的部分「儲藏」起來——讓別人在你離開後，享受同樣這麼做的樂趣。

　　你奉獻時間、才能和金錢，可以得到兩種十分有意義的報償。對你自己來說，看到活生生的人和組織受益，是個人莫大的滿足；同時，和善於鼓舞別人又有意思的人在一起，一同參與有意義的活動，結交珍貴的新朋友，也會帶來令人滿足的個人經驗。好事的確會吸引好人，而重要的好事會吸引最好的人。

Chapter 26

給富人的提醒

請捫心自問：專心進攻、贏得更多勝利對你比較重要？
還是專心防守，藉此減少虧損比較好？

　　如果你極為幸運，擁有超過2,000萬美元的財產，你知道自己的打拚獲得回報，恭喜你！美國少於十萬人有這麼好的表現，不過想必你認為自己會碰到新的問題。要怎麼尋找適合你的投資顧問和投資經理人呢？應該把多少財產傳給子女和孫兒——什麼時候要傳呢？應該把多少財產投入慈善事業——什麼時候投入呢？

　　如果你的財產更多——超過1億美元——你應該考慮成立投資委員會，或是聘請專屬於個人的專家，為你提供全面的投資建議。如果你認為年復一年支付資產的1％至2％給投資顧問似乎很貴（我確實有這種感覺）。另一個方法是每隔五至十年，以論時計酬的方式，聘請投資顧問，針對你所

有的財務與投資計畫，進行完全的評估，確保這些計畫符合你的要求。如果你的「私人專家」協助你避免犯一次大錯，或是協助你推動一次精明的行動，你就占到便宜了（小祕訣是：有些知識豐富、見識廣博的投資專家，在大型基金會、校產基金或大企業的退休基金中服務，他們可能樂於以相當高的按日計酬條件，在週末幫助你處理財務）。

還有一個做法也很精明，就是聘請一位最高明的信託與遺產稅律師（小祕訣是：年輕律師可能最好，因為他們正在建立自己的事業，今後還要執業很多年，因此你和你的財產，會得到同一位值得信任的律師持續不斷的服務）。最後，要聘請大型會計事務所中最高明的年輕合夥人，擔任你的顧問和監督，你們要合聘你個人喜歡的優秀兼職記帳人員，維護所有紀錄、月報、監督投資，以便「監視監看者」（良好的記帳人員在退休後通常樂意為此兼差）。

如果你已經贏得「金錢遊戲」，請問問自己：專心進攻，以便贏得更多勝利對你比較重要，還是專心防守，以便減少虧損比較好？

如果你擁有巨額財富，身邊一定圍著一大堆討人喜歡、能言善道、善於贏得富人信任、業界稱為「資產收集者」的人。他們散發的個人魅力或許會讓你傾心，但是請務必小心謹慎，並且仔細檢查他們的相關資料。

「另類投資」（Alternative Investment）[1]一直很出風頭，原因之一，是有些投資人得到天文數字的報酬，變成媒體絕佳的報導題材；原因之二，是有些人創造了極高的投資成果；原因之三，是極多投資人仍然希望能找到高報酬、低風險的投資方法。

「另類投資」會吸引這麼多人的注意，還有另一個原因，就是它為耶魯、哈佛、麻省理工學院、普林斯頓等那些最早、最大、技巧最高明的投資人，創造優異的成果（這是事實，因為我曾擔任耶魯投資委員會主席許多年）。他們創造的成果十分驚人，同樣重要的是，他們都有系統的利用紀律嚴明的程序，創造這種成就。但是這種成就很難複製，千萬不要想去嘗試！

每當其他投資委員會的朋友跟我複誦電影《當哈利碰到莎莉》中的經典台詞——「她吃什麼，我就吃什麼」，我總會回想起自己成長的經驗。在我八歲的時候，家母帶著我及哥哥、姊姊去看馬戲團表演，其中，年輕又大膽的空中飛人讓我印象深刻，我決定自己要在家裡嘗試那些華麗的動作。結果可想而知，我的膝蓋脫皮、手肘脫皮、下巴也脫皮，而且學到「模仿專家並不容易」的教訓。

1　意指在股票、債券及期貨等公開交易平台之外的投資方式，包括避險基金、私募股權（PE）、風險投資（VC）等。

華爾街有一個老問題：「賺小錢最快的方法是什麼？」答案是：「從大筆財富著手，設法模仿專家。」基於這個原因，以下我要針對最近很流行卻絕不尋常的投資工具，提出一些友善的警告。

● 避險基金

避險基金突然冒出頭的原因之一，是避險基金在千禧年的網路股崩盤中表現優異，但主因是避險基金提供經理人極為有力的致富方法——2％的管理費很容易涵蓋所有運作基金的成本，加上經理人可以從所有獲利中得到20％。聽說很多精明的朋友，一年內就賺到1,000萬美元（而且有幾位避險基金經理人，一年就賺到超過10億美元），如果你很有才氣、年輕、競爭力十足，急於賺到自己的財富，又想在一家小公司裡，跟另外幾位聰明人設法把事情做好，你很難忽視這些故事。這種做法很有趣、很好玩，事情做好時，你會賺到大錢，有誰不會對這種事情深感興趣呢？

避險基金採用的策略幾乎多得數不清，他們的經理人都十分聰明、積極上進、極度自信、穿著得體、出身名校、經歷出眾。然而，大多數的避險基金有一個主要問題：其他避險基金。一旦某檔避險基金發展出一項「優勢」（一種新的投資致勝法），其他的避險基金就會設法去理解，讓自己也能運用這方法。很快的，舊有的優勢會逐漸下降為一般的報

酬率，此時又需要新的優勢。創造優勢是困難的，而要創造一系列的優勢則非常困難。這就是每年有超過10％避險基金消失的原因之一。與此同時，大多數避險基金的績效紀錄令人失望，主因是「過於擁擠」。

避險基金（及投資避險基金者）的根本挑戰表現在數字上。如果股票的投資報酬率為7％，避險基金扣除所有費用後，必須創造11.25％的報酬率，才能損益平衡。如此一來，優異的經理人就必須創造高達4.25％的「額外報酬率」，這超過預期市場報酬率的六成──也就是要創造非常大的優勢。有些避險基金會創造出這麼高的報酬率，有些則會創造出更高的報酬率，但真正的問題不在這裡。**真正的問題是：你投資的避險基金能否年復一年，一直創造這麼優異的表現**──尤其是在愈來愈多錢湧進避險基金，以至於當避險基金之間互相競爭、追求額外報酬率時，更是如此。

● 創投基金

創投基金相當吸引大家的注意，長期而言，進入創投基金的資本呈現極為驚人的激增。毫無疑問的是，創投基金發現蘋果、eBay、臉書、Google或Uber之類極為成功的企業，為你的投資賺到高於一百倍報酬的傳奇故事確實是真的。但是投資創投基金之前，請正視下列事實：過去三十年來，最優異四分之一創投基金的中位數報酬率為28％，所有創投

基金的中位數報酬率實際上則不到5％（也就是說，比國庫公債的報酬率還差）。十家最成功創投機構的獲利總額，高於整個創投業創造的「額外收益總額」（高於標準普爾500指數的收益）。

換句話說，**跟大盤相比，所有其他創投基金都隱含虧損、喪失流動性、承受嚴重的風險。**主要的創投基金公司繼續領先同業——原因很有力——他們繼續創造最成功績效的可能性很高。

創投成功的祕訣就是沒有祕訣。關鍵不在於資金，投資所需要的資金是必要的東西，但是這基本上還不夠。而最優秀的創投基金經理人，不只是精明支持絕佳新產品的人而已，他們當然善於這樣做，但是他們擁有兩大優勢：他們知道怎麼選擇創業者，也知道怎麼召集有效率的團隊，協助他們建立非常成功的企業；他們的確不是被動的投資人，而是積極有力、又有創意的投資專家。機智的新秀創業者從已經成功的企業家那裡了解到，出色的創投專家在幫助新創公司獲得成功方面極為重要。因此，有最佳創意的最佳企業家，都想與最出色的創投專家合作。

最出色的創投專家總是跟自己計劃要投資的大、中、小型企業，保持密切接觸，確保那些奮發上進、可能決定創立新公司的頂尖新星，知道援軍的重要，並且知道創投專家投資他們的新秀企業所能創造的重要差異。他們專精科技業中

的特殊層面，認識所有最有效能的工程師、業務人員、生產經理和財務專家。他們知道為什麼這些人如此有效能。他們了解特定人才能結合在一起，成為成功的團隊。他們利用這種知識技能，協助他們投資的公司變得更精明、更強壯，並使他們的成功機會大增。而且他們知道，能幹的創業者了解什麼可行，什麼不可行，並且不斷去改變他們的產品、商業計畫和目標市場。他們不會迷戀特定產品、市場或商業計畫——不管這些東西多麼令人興奮。因為他們知道，有迫切需要創造成就、身為熟練風險管理者（而非冒險者）的創業家，總是成功的關鍵。

難怪贏家總是不斷獲得勝利，但是其中只有一個問題：你無法利用這些創新遠見，因為最好的創投基金公司跟最好的避險基金一樣，都不接受新投資人。事實上，向他們預訂投資額度的金額已經超額，他們甚至無法接受長期投資客戶希望交給他們的所有資金。

此外，他們輔導成功的創業者當中，有些人現在擁有大筆資金，希望投資他們。而且創投經理人從過去成功的投資當中，賺到龐大財富，希望把自己更多的金錢，投資他們所經營的公司。簡單說，就是你無法投入你希望投資的創投基金。至於其他的創投基金，則讓所有明智投資人想起美國喜劇演員葛魯喬・馬克思（Groucho Marx）的一句諷刺台詞：「我不想加入任何樂意接受我成為會員的俱樂部。」

• 不動產

　　不動產有很多吸引力，美國最富有的個人和家族之中，有一大部分是在不動產上賺到大錢。租稅優惠是主要的因素；精明利用融資和能夠取得的大量信用，是另一個重要因素；擁有優秀的技巧、善於從事針鋒相對的談判也很重要；耐心和快狠準的行動都是必要條件。此外，想要成功得仰賴自己擁有非凡又精通的知識，知道每一個當地市場和自己選定的市場中所有相關細節，知道每一棟不動產、租賃戶和租賃合約的所有相關細節；知道如何改造物件，以提高未來租金的能力；知道如何吸引好房客的特殊能力。全心全力投入事業，則是絕對必要的條件。

　　很少人願意也能夠符合所有這些要求，以兼差方式從事這一行的人，幾乎沒有成功的希望。全心全力投入不動產投資的人要是夠幸運，其成果都非常優異，原因就在這裡。

　　如果你希望投資不動產，卻不想花費大量的時間，可以選擇投資相關股票，或是投資在主要交易所中掛牌的不動產投資信託（REITs）。 不動產投資信託的交易價格反映不動產和整體股市，其長期報酬率也類似大盤的整體報酬率。

• 私募基金

　　最好的私募基金跟其他特殊的「另類投資」一樣，也不接受新投資人。對個別投資人而言，這點不是問題，因為整

體而言，私募基金的平均報酬率在扣除他們所利用的巨量融資後，績效並不如大盤指數。換句話說，如果投資人利用適度的「保證金」借款，購買公開上市股票，結果應該會比較好，還會擁有更佳的流動性。

● 大宗商品與黃金

大宗商品在經濟上是屬於惰性的東西，所以不能培養經濟增長價值。大宗商品價格變化背後的原因，僅是需求與供應的變化。買賣大宗商品的人不是在從事投資，而是本著他們知道的比市場更多，或是比市場更高明的心理來從事投機。他們的賭注和交易可能做對，但是每次有一個人做對，表示一定總有一個同樣程度的錯誤發生。所有交易加總起來，會成為負值──因為這種零和遊戲還要扣掉交易成本。

黃金近年來備受矚目，自從黃金ETF被創造出來後更是如此。金價已經改變，而黃金多頭預測金價還會更高。但是投資人必須記得：經過通貨膨脹調整後，黃金在1980年初的價格，曾經飆到每盎司2,250美元以上。

Chapter **27**

投資很簡單，但絕不容易

構思能持續遵循的長期投資策略，是通往成功的坦途。
現在，你可以開始了！

在成功的投資管理方面，擔負最重要責任的人是你自己，而不是你的投資經理人。你的核心責任是決定自己的長期投資目標，訂定合理、務實、能夠達成目標的一套投資策略──無論你有沒有專業投資顧問的幫助。

你應該研究自己的整體投資狀況、對風險的承受能力、市場的歷史，以及這些因素如何交互作用，因為市場偶爾出現的悲慘現實狀況，和你的財務與情感需要之間可能出現不協調（就像2008年的情況），因而造成重大的傷害。

投資人研究過往的現實狀況，可以保護自己和自己的投資，避免極為常見而不切實際的信念，也就是避免相信：自己能找到持續勝過專家而打敗大盤的積極型經理人。如果問

題是：「我們是否能找到聰明、消息靈通、勤奮、有經驗，而且會盡力做到最好的經理人團隊？」答案應該是響亮的「是」！但這是一個錯誤的問題。正確的問題是：「我們是否能找到一個能勝過專家共識的投資經理人，可以支付足夠的費用與成本，並且抵銷風險與不確定性？」

消息靈通的的投資人明白，積極管理型投資經理人要打敗大盤，唯一的方法是比對手更常找到和利用其他投資人的錯誤。這名投資人知道，致力打敗大盤的經理人非常可能過度努力，反而遭到大盤打敗。堅持獨自努力或跟專業經理人合作，設法打敗大盤的大部分客戶，都會對結果感到失望，因為積極型投資是「輸家遊戲」。

還好有一個簡單而輕鬆的方法可以贏得輸家遊戲，就是「不遵循歷史傳統」，原因在於，歷史傳統已經出現許多重大變化，現在已嚴重過時。我在「如果你發現問題，就要找到解決方法」的傳統中成長，對於自己四十多年前的文章〈輸家遊戲〉提出的問題深感興趣，想要找到解決方法。[1]解決方法就如同常見的情況，是「跳出窠臼思考」，重新定義問題，因此，重點會從輸家遊戲（更加努力打敗專家市場，卻徒勞無功）轉變成專注於自己的長期目標、資產組合和投資策略

1　發表於1975年的〈財務分析學報〉（*Financial Analysts Journal*），這篇文章贏得業界的「葛拉漢與陶德獎」。

之類大方向的贏家遊戲——而且堅持到底。

散戶投資人很重要，原因有三：第一，美國有極多散戶（接近五千萬人），其他國家幾乎也有等量的散戶；第二，大部分散戶其實都靠著自己的努力，設計長期投資策略（即使投資顧問能收取合理的鐘點費，提供大部分散戶所需的建議）；第三，大部分「如何投資」的書籍會暢銷，都是錯誤假設散戶能打敗專業投資人的市場擔憂，可是散戶不能，也不會做到這件事。

幸好散戶不必靠打敗大盤而成功。試圖打敗大盤會讓你分心，讓你忘掉相當重要又十分有效的責任：能成功提供你最佳成果的實際長期投資計畫。

構思能夠持續遵循的健全長期投資策略，是通往成功投資的坦途，其中所需的行動並不複雜。如果你像我一樣，覺得本書的一些建議相當簡單，請記住巴菲特精采的摘要說明：**「投資很簡單，但絕不容易。」**[2]**真正的挑戰在於遵守長期投資的紀律，避免回應市場先生引人注目的干擾，以及妨礙真正投資工作的多餘事物。持續遵循投資紀律的承諾，是你**

2　我有兩位最好的朋友，處在醫學與醫學研究傑出事業生涯的巔峰，他們認為，醫學史上兩項最重要的發現是「盤尼西林」與「洗手」（二十世紀前，大部分的接生都由產婆負責，洗手阻止了她們把傳染病從一位媽媽身上、傳到另一位媽媽身上的狀況）。此外，我這兩位朋友建議，要活得更長壽、更健康，最好的建議是戒菸和開車時繫上安全帶。其中的教訓是：好的建議不見得都很複雜。

的主要責任，也是你確保投資成功的最好機會。

「設法打敗大盤」會產生兩個不同的問題，問題之一是打敗大盤極為困難，當你設法表現得更好時，結果往往相反——甚至表現得更糟；另一個問題是，這樣會轉移你的注意力，無法建立符合你特定需求的長期目標和投資策略。

要贏得打敗大盤的輸家遊戲很容易：不玩這種遊戲。把你的精神放在贏家遊戲上，也就是放在忠實界定和竭力遵守穩健的投資策略——符合市場現實與你能維持的長期目標。

不同投資人的需要和目的不同，所以投資組合也不應該相同。你已經回答過下列重要問題：你的現況和個人財務狀況？這些錢會投資多久？你擁有什麼資產、所得、債務和責任？你對市場風險有什麼感受？你是否相信自己是堅持不懈的長期投資人？這些問題的答案，使我們每個人都變成獨一無二的投資人。

要盡到你自己的財務責任，需要下列三種特性：

1. 對發展和了解自己的真正價值與投資目標深感興趣。
2. 了解資本市場與投資的基本性質，包括了解市場先生的花招詭計，也了解強大投資機構主宰市場的事實。
3. 擬定和堅持基本政策的個人紀律，隨著時間推移，能成功達到你的務實投資目標，這點也是本書的全部重點所在。

本書雖然強力批評當前的投資做法，卻絕對沒有譴責投資經理人。問題不在於專業經理人技巧不足或不夠勤奮，情形正好相反，設法打敗大盤的問題在於：如此多的專業投資人極為高明、極為熱心工作，而且大家都一樣，能即時獲取極豐富的資訊與競爭能力，以至於做為高競爭群體，任何專業投資人很難——大多數投資人更是幾乎不可能——創造優秀的績效，長期尤其如此。

　　本書的主旨很明確：投資管理的真正目的不是打敗大盤，而是幫助每位特定投資人做合適的事——擔起重責大任，確定自己真正與務實的投資目標，然後制定並遵守合理的長期目標。表面上，投資人似乎應該很關心經理人為他們管理資金的方式，實際上他們通常做得太少，直到出事時已來不及了。

　　本書是為準備主導自己投資命運的投資人而寫，專業投資顧問應該鼓勵客戶，利用本書做為指引，扮演消息靈通、積極主動的重要角色，進而變成十分成功的投資人。當你透澈理解本書坦誠與簡單的建議後，你就明白了取得真正的投資成功需要的所有知識。我想你已經準備好，享受帶來勝利和成功的投資。

　　現在，你可以開始了！

Chapter **28**

最後忠告

「投資」這件事，
一直都會是個危險的遊戲。

　　物理學家理查‧費曼（Richard Feynman）說過，「真正的懷疑是追求創意必要的第一步」，因此我學到要仔細檢查自己的答案，在證據似乎最有力時更應該要如此。

　　我還學到要問：「我可能錯了嗎？」在本書關於我的主要論證方面，已經與專家們進行多年的核對，相信下列基本結構性現實不會改變：

- 聰明、勤奮投資專家數目減少的程度，不足以把積極型投資變成1960、1970和1980年代時的那種贏家遊戲。
- 由投資機構（及領導這些機構的高明投資專家）進行

的交易比率不會下降，因此，即使是最聰明的業餘人士，「投資」這件事一直都會是個危險的遊戲。

- 或許有一天，會有極多的投資人認為應該要採用指數化投資，因此「最後一批選股專家」會完全掌握整個遊戲，那種事情是不可能發生的。同時，在這段期間裡，我有更棒的事情要做，你也一樣——透過專注於最適合本身真實目標的資產組合政策，我們可以利用自己的時間和資金來贏得勝利！

機構投資委員會的內幕

　　機構投資跟個人投資大不相同，借用海明威反駁費茲傑羅的經典名言來說，其中的原因不只是「不錯，他們比較有錢」而已。我們當中很多人有機會在校產基金、退休基金或其他投資機構的投資委員會中任職，所有擔任相關職位的人都希望能夠提供協助。本章將為讀者介紹一般投資委員會的任務與運作，以及投資經理人和委員是如何選出的。

　　大部分機構成立的基金都具有永久性或接近永久性的性質，由委員會管理，委員會授權外部經理人負責投資。投資委員會的主要責任不是投資管理，而是確保良善的治理。

　　對大部分投資委員會而言，主要的任務和責任，是為中期市場風險和長期報酬率確定適當的目標，然後決定最能實

現目標的長期投資政策，並為機構本身投資與財務管理的輔助紀律帶來和諧；其次，是確保投資機構跟投資經理人之間，能夠培養有效的工作關係（前文說過，愈來愈多投資機構把較大比例的資金，決定投資在指數型基金，這麼做不僅明智，也使雙方的「夥伴關係」變得更自在）。這種管理經理人的重要任務，金額動輒高達數十億美元，投資的運作必須由全職經理人掌管，而且要由投資委員會監督。但是對於大部分管理資產低於10億美元的基金來說，管理經理人的決策是由投資委員會自己做出的。

就像在任何良好的事業關係中一樣，對客戶和投資經理人雙方來說，每一方的責任和承諾都應該務實而明確。投資經理人的使命，尤其應該明確寫成書面文字，經過雙方同意，而且每年重新確定（或修正）一次。這種使命顯然應該在經理人能力所能掌控的範圍內，而且和市場相比應該是合乎現實的使命。

這種客戶與經理人之間的關係，通常以定期會議為中心，會議目的是要共同達到投資經理人和投資委員會希望的成就。每次會議應該由客戶設計和控制，而不是像常見的情形那樣，由投資經理人設計與控制。委員會主席應該制定議程，投資經理人應該提供會議需要的所有相關文件，也應該撥出足夠的時間，以便為委員會成員做出慎重的準備。這裡刻意強調「相關文件」，因為若一不小心，不必花多少腦力，

就可以用夠多統計上的枝微末節灌爆整場會議，讓核心問題變得混淆不清。

長期投資政策應該跟投資操作清楚劃分開來，因為兩件事情是大不相同的責任。只有把投資組合的操作和政策的擬定區分開來，才能為投資管理中這兩種既不相同卻相輔相成的層面，建立權責分明的制度。

當然，投資政策和投資操作不應該彼此互相隔離、不相聞問，操作績效應該經過客觀的評估，確保投資操作配合投資政策；投資政策應該以長期報酬率為衡量標準，進行客觀的評估，以便確保投資政策合乎實際狀況且有效。但大家卻經常把制定投資政策的責任，授權給基金經理人和負責投資組合操作的經理人。把投資政策和投資組合操作混為一談——等於是把問題的定義和解決問題的方法混為一談，然後把兩種責任都授權出去，這是自找麻煩。

現代投資組合理論提出一些專業說法後，要描述投資目標和投資政策變得相當容易。夏普比率（衡量高於風險水準的額外報酬率指標）和基準指數報酬率，允許客戶監督投資組合操作和雙方同意的政策符合程度多高。這種資訊讓每一位投資組合經理人可以達成良好的績效——不是藉著英雄式的「打敗大盤」，而是忠誠而理智執行務實的投資政策，達成明確規定的目標。投資委員會和投資經理人應該就下列每一個重要的政策層面，達成明確的協議：

1. 投資組合所承受的市場風險水準如何？
2. 這種風險水準是否會持續不變？或是會隨著市場的變化而改變？
3. 個股風險或類股風險是否應該要概括承受？或是應該儘量避免？承受這種風險後，投資組合是否有希望創造額外的報酬率？

如果積極型經理人獲得愈來愈多的自由裁量權，可以更為背離意在模擬市場的指數型基金，而且承受更多各種不同的風險——包括市場風險、類股風險和個股風險——如此一來，斷定任何特定期間的投資組合報酬率中，有多少是其技巧帶來的成果，有多少是機會帶來的成果，將會變得愈來愈困難。

要衡量和評估投資經理人的操作績效，應該拿投資經理人的績效，直接跟明確的投資政策比較——而且只能跟「明確」的政策比較。

例如評估成長股和小型股的操作績效時，如果拿整體大盤指數的成果做為比較基準，就會變得不公平，也會因此造成誤導（特定專業正好在整體大盤中流行或不流行時，成長股專家或小型股專家會備受讚譽或遭到恥笑，這種現象同樣不公平）。

● 開會重點：確認經理人使命

　　機構投資委員會每次跟投資經理人開會時，一開始都應該簡短評估雙方同意的經理人使命，看看投資目標或政策是否需要修正。如果客戶和投資經理人的使命都沒有什麼改變，彼此應該明確重申雙方的責任聲明。

　　如果客戶或經理人希望提出改變的建議，變更的內容和支持的理由應該事先準備好，當做為會議準備的文件之一，以便所有與會者可以在會議之前，研究和考慮倡議中的改變——這點是會議中最重要的一環，不應該事出突然。

　　討論特定投資組合的操作，也就是討論特定證券的買賣，只能以特例處理，而且討論時間應該簡短。會議的這個部分不需要「有趣」，客戶不應該接受經理人多采多姿的作戰成果，也不應該接受經理人對特定股票所做的簡短評論。這兩種做法都很有趣，雖然具有娛樂性，卻沒有啟發性。會議的這個部分反而應該用來確認時間，直截了當確認經理人理性、忠誠，遵守雙方事前同意的政策。理想的情況是，會議應該只花五分鐘進行操作上的檢討，和重新確認投資經理人的使命。如果花的時間比五分鐘還長，就表示「休士頓，我們出問題了」，一定有什麼地方出了差錯，不是使命不明確，就是成果背離使命。

　　這時，會議剩下的時間通常大約是一個小時左右，最好用來周到、詳細的探討對客戶和經理人都很重要的一、兩個

問題，以便加強雙方對積極型經理人投資概念與過程的了解。討論議題可以包括影響投資組合策略的重大經濟發展、支持投資組合重大承諾的研究報告，或是特定產業投資吸引力的變化等。這種主題式的討論有一個重要的目標，就是讓投資委員會更深入了解投資經理人的思考過程。

　　如果投資組合的操作不符合雙方同意的政策，也不符合投資經理人同意的使命，和投資經理人忠實遵循政策應該可以獲得的成果相比，目前投資組合的成果，是否高於或低於忠實遵循政策所得到的成果，其實不是重要大事。在這兩種情形中，真正重要的資訊是投資組合和投資經理人互相矛盾，而且很可能有些失控的徵兆。這種失控早晚都會表現在虧損上，而且經常表現在無法挽回的虧損上。

　　績效評量的主要原因，是要改善客戶與經理人之間的溝通，評估績效的目的不是要提供答案，而是投資人與經理人應該共同探討，一起好好了解，什麼因素有助於提高績效，什麼因素會降低績效。委員會的成員要像小孩子最喜歡問話的方式一樣，問：「為什麼？為什麼？為什麼？」

　　委員會的成員可能會發現：只有一、兩種決定——可能是技巧十分高明的決定，可能是幸運的決定，也可能是兩種因素合力促成的決定——可能使積極型投資人的績效截然不同。績效評比的最後一個領域顯然跟品質有關。積極型經理人對自己所做決定的解釋是否有道理？積極型經理人的行

為，是否符合他在上一次會議中的說法？你身為思慮周詳、涉及其中利益關係的客戶，對於經理人的能力、知識和判斷的信心，到底是隨著彼此的討論增加而提高還是降低？委員應該切實重視這些「軟性的」品質因素，因為真正問題第一次出現的最佳指標，往往都是在這種地方出現，都是在實際變化資料證明問題之前很早就出現。

投資機構每年至少應該針對機構的整體財務狀況，進行一次坦白的評估，也就是評估投資組合在整體財務狀況中的地位。同樣的，投資經理人每年至少應該在一次會議中，撥出一部分時間，討論他所屬公司的專業與事業發展，特別強調他所屬公司的長期政策與承諾加強的專業能力。

會議不應該用來針對投資世界，進行短暫而毫無意義的評估，大家卻幾乎總是這樣做，討論的題目可能是針對經濟展望和利率最近變化的膚淺評論，對股票投資組合中若干類股所占權重微小變化的評估，針對債券投資組合中信用評等微幅變化的迅速檢討，然後以針對一些特定決定發表「有趣」的看法做為結束。與會人士沒有確實深入探討任何重大決定，這將會用完時間，然而，會議時間原本可以用來慎重探討對投資組合可能產生重大影響的課題——以及成功的長期關係。

每次會議之後，應該準備和分發涵蓋重點、事實與意見表達，內容為三至五頁的書面摘要紀錄，以便未來可以利用

和參考。有一個不錯的建議是：由客戶和投資經理人輪流製作會議摘要紀錄。

至於沒有專業雇員的投資委員會（這肯定會加強指數化的情況），通常需要做出四種層次的決策。

第一，「應該更換經理人嗎？」正常的答案是不換。

第二，如果把任何經理人歸為「有待檢討」的行列，應該嚴格的分析贊成和反對採取行動的原因，特別要注意「不採取行動」的原因。經驗顯示：最好的決定經常是違反直覺的決定，也就是增撥更多的資金，交給最近績效不如大盤的經理人。原因在於：經過精心挑選的積極型經理人績效會不如大盤，很可能只是他的投資風格暫時不受市場歡迎，當市場狀況對他的投資風格更友善時，他的績效很可能會再次超越大盤。委員會經常換掉他們應該要留住的經理人，改讓剛剛結束最佳操作期間的經理人上場。做這種改變的交易成本很高，尤其是在遭到撤換的經理人，後來繼續創造優異的表現，新任經理人卻已經攀抵高峰，在上任之後的績效會不如大盤。

第三，是否應該以任何重大的方式，改變或修正任何連續經理人管理的資產規模或條款？

第四，資產組合的長期政策應該改變嗎？如果不該改變，暫時性的重大背離是否適當？如果不適當，這次會議的正式部分就結束了。在這種模式中，做出決定反而是例外狀

況。採取行動的決定很少，做出決定的間隔時間也很長，因為既然長期投資政策和每位經理人的特定使命已經定出方向，那麼應該不需要改變什麼事情。

理想的會議應該開多久呢？實際上，大約五分鐘左右——因為不需要採取行動，所以會議中也不會採取行動。就像連續製程工廠中每位經驗豐富的經理人所了解的，連續製程運作順利的指標（這也是投資經理人應該努力追求的目標）是不會發生什麼「有趣」的事情，因為任何有趣的事情「都是問題」。運作順利的連續製程工廠（而投資管理是非常長期的連續過程）不會有問題，也不需要修正。

• 如何選擇經理人？

在機構投資委員會中可以針對潛在的投資經理人，提出下列問題，以便完全了解他：

- 過去十年裡，你的投資管理觀念和程序有過什麼改變？原因何在？它們在未來十年裡可能會有什麼改變嗎？
- 過去十年裡，為了提高自己的專業能力和資產管理能力，你換過幾家專業投資機構？
- 過去你如何改變自己的企業策略？未來可能會怎麼改變？原因何在？

- 你有什麼培養領導人才和交棒的計畫？
- 你手下的專業人士與業務主管的待遇是多少？這個待遇是如何決定的？

委員要記下投資經理人對問題提出的答案，以便未來用以比較在其他時間問相同或類似問題而得到的答案（這種做法非常有效，蘇格蘭投資信託經理人和日本人已經利用這種簡單的技巧很多年，甚至可能用了幾百年）。

當你決定解雇投資經理人時，請幫自己一個忙，承認這項挫折可能不是經理人的責任，可能是你自己的責任。因此，在你花時間和精神，學習如何跟經理人合作方面能做得更好之前，不要尋找新的經理人。

因為投資人隨時可以用一個低廉的成本購買指數型基金，因此無法證明聘請很多位積極型經理人，是分散公共證券投資組合和降低風險的好方法。**想要達成這個目標，可以利用輕鬆、便宜、涵蓋整個大盤的簡單指數型基金。**

不管校產基金採用什麼樣的花費原則，都應該遵從兩個基本原則：依花費原則訂定的支出水準，在主要的多頭和空頭市場期間，應該都能長久維持下去，報酬率與支出之間的差距——也就是再投資在校產基金的金額，應該足以完全吸收通貨膨脹的侵蝕力量。

退休基金經過精算後的投資報酬率假設，或者是校產基

金支出原則，都應該由投資成果決定，而不是反其道而行。受託人絕對不應該讓支出的期望或「需要」，決定了投資管理的做法或政策。

運作最好的投資委員會，會藉著明確劃分「管理」和「治理」兩種工作，顯示委員會了解，良好的治理可以提供長期政策的架構，確保工作環境能協助經理人，有效能又有效率的做好分內工作。

● 誰能擔任投資委員會的委員？

什麼樣的人應該在運作最順利的投資委員會中擔任委員呢？機構的執行長或財務長，特別應該擔任委員會的委員，或是定期跟委員會開會，好確保委員會了解組織在財務管理上，包括近期和長期的各種挑戰。投資委員會需要思慮周詳、消息靈通、隨時做好準備、能夠根據只能從投資經驗中得到的智慧做出判斷的成員，因此每個委員會絕大多數的成員，應該都要有豐富的投資經驗。少數委員的人選或許可以依據其他理由，像是對機構及其財務的了解等。所有委員都應該表現出對人事、觀念與組織的良好判斷，而且也該跟其他人相處融洽。

財務經理人制定計畫或主導為機構籌募資金的計畫時，必須了解投資管理的實務。這方面的成功就像真正良好的關係當中，有賴於雙方的良好溝通。委員們的任期應該錯開，

也應該經過規劃。任期五年或六年——可以連任一次，甚至兩次——這有助於委員會悄悄換掉沒效率或不喜歡擔任委員的人。委員的背景、經驗和技巧應該有所不同，運作最順利的委員會，委員的任期平均應該是六至八年（事實證明，就各式各樣工作團體的效率而言，這種平均任期最適當，比較短的平均任期表示委員們彼此太陌生，不足以知道怎麼變成最善於「共同傾聽別人心聲的人」，也不知道如何以真正團隊的形式運作；比較長的平均任期可能表示，委員們已經不再慎重傾聽別人的心聲）。

● 委員會的重心是治理，而非管理

投資委員會一年通常開會四次，基於兩大理由，會把重心放在治理，而非放在管理上。

第一，在如今快速變化的資本市場上，每季開一次會的委員會不適合做出跟操作有關的決定，因為根本無法做好這種決定；第二，即使是組織最完善、領導最得力的委員會都會發現，自己要面對良好治理責任的全面挑戰：制定適當的風險限制；擬定最適當的投資政策和目標；協調投資組合的結構；確保投資經理人的明智選擇；在市場歡欣鼓舞和焦慮恐懼期間，維持穩定的方針；擬定合理的支出規則；跟財務委員會和全體受託人委員會協調，以便校產基金的表現在整個機構的整體財務治理中，扮演充分而適當的角色。

所有投資委員會當然都對良好的長期報酬率深感興趣，但是運作最順利的委員會知道，自己的優先要務是管理風險，特別是在輕鬆愉快的時刻，風險很容易被忽略。

　　跟每一位經理人建立關係後，預期的延續時間應該很長——理想狀況下，是永遠延續下去。「永遠」似乎是一段長到不切實際的時間，其實並非如此。改換高周轉率基金經理人的成本，可能遠高於一般所說占交易成本的3％至5％而已。

　　在這些成本之外，還有隱藏成本，也就是造成委員會和經營階層分心，無法嚴格盡到責任，跟最優秀經理人培養絕佳工作關係的隱藏成本。委員會雖然把換人的過失全都推到經理人身上，但真正的罪魁禍首，經常是用不耐煩方式聘用經理人的委員會——有時在如同「快速約會」的一小時說明會後就聘用。接著，因為主要的考慮是勝過大盤的「優異績效」，雙方會重複這種來來去去、進進出出的程序，為經理人和委員會成員增添煩惱。雙方都知道一定有更好的方法。

　　指數化明顯的優勢是費用與成本較低，但長期而言，成本較低不如投資成果較佳重要。然而，成果較佳還不如下列事項重要：指數化使委員會可以把大部分的精神，放在真正重要的問題上，也就是建立正確的資產組合與長期投資政策。

　　最後我要說的是：在一個投資委員會裡擔任委員，應該是有趣、愉快和令人滿足的經驗。運作最優秀的委員會在這

三方面都能達到標準，投資委員會沒有理由不能變成運作最優秀的委員會。沒錯，組織這樣的委員會需要思慮周詳的領導，但是也更有樂趣。

投資圈中的「東方快車謀殺案」

　　多年來，阿嘉莎・克莉絲蒂一直是世上最受歡迎的偵探推理小說作家[1]，她在《東方快車謀殺案》中，創造了「你能夠解決案子嗎？」的奇妙謎題，把她為讀者設想的推理遊戲，提升到完美的境界。線索指向四面八方，卻全都不確定，最後，當情節愈來愈撲朔迷離時，老謀深算的比利時偵探白羅（Hercule Poirot）會巧妙引導讀者，導向顯而易見的最後結論：沒有一位嫌犯有罪——因為所有嫌犯都有罪。

　　同樣的狀況或許可以說明：為什麼共同基金和其他投資

1　Agatha Christies，1890-1976。她的六十六本偵探小說和十四本短篇小說集的總銷售量，僅次於聖經和莎士比亞的著作。

機構一直無法達成創造優異成績或「績效打敗大盤」的目標。成績始終令人失望的原因，和線索指向與眾多嫌犯有關一樣，而合理的懷疑和具體的證據顯示：在一大堆可能的原因之中，任何原因可能都是主因。

　　不論「績效不佳」是無心之過的程度多高，很多做法反而使問題變得更嚴重，因為許多投資人訂定非常高的目標，有本質上不切實際的期望，然後任用高波動的經理人，任用依據是因為他們最近的表現「看來比較好」。雖然統計上明白顯示：創造最佳績效的前段班經理人不可能超過四分之一，但卻有一大堆基金——數目顯然比前段班經理人的位置多出兩倍以上——嚴肅宣稱，這種地位就是他們的目標。「自我感覺良好」的人應該不會覺得驚訝，研究發現，著名的80／20法則在很多人的自我評估中，會發揮影響力，因此行為經濟學家對這種效應也不會覺得驚訝。在一個又一個的團體中，大約80％的人替自己打分數時，認為自己在當朋友、當談話對象、當司機或當舞者方面，「都高於平均水準」，以及具有良好的幽默感、良好的判斷力且值得信任。[2]

　　樂觀看待自己的性格可能只是人性，但是投資成果總是可以接受客觀的分析。大量已經問世的資料顯示：在隨機選

2　行為經濟學家指出，有80％的人在替自己打分數時，認為自己在很多方面「高於平均水準」，包括幽默感、運動能力、談話技巧、了解別人的能力、為人父母和跳舞等能力，都是如此。

擇的十二個月中，大約有70％共同基金經理人的表現不如大盤；把時間拉長到十年，績效不如大盤的比率會升到80％以上；雖然依據二十年期間評估所得的資料證據不是很有力，但把期間拉到這麼長，績效落後大盤的比率會更高。

　　至少讓人同樣擔憂的是，績效差勁股票型基金經理人的數目，大約是打敗基金所選定基準指數、創造優異績效基金經理人的一倍半──因此基金的「打擊率」令人倍感氣餒。針對機構投資組合績效的研究顯示，經過風險調整後，24％的基金績效遠遠落在基金所選擇的市場基準指數之後，創造的是負額外報酬率。75％的基金績效大約跟市場相當──沒有創造額外的報酬率。在統計上，不到1％的基金在扣除成本後，還能創造出顯著優異的成績──這樣的數字跟零沒有太大差別。因此，我們要看看機構型基金績效持續不佳原因的證據。

　　針對機構型基金聘用特定經理人所做超過三十五年的研究資料顯示：大量新客戶湧入最近創造過優異績效的經理人旗下──大部分都是在這些經理人創造最優異表現之後湧入。而且大量資金從績效差勁經理人創造最差績效的年度後，贖回這些基金（另一個經常重複的不利因素，是在資產類別或次類別價格已經上漲後，才把資金移入這些資產中，在資產類別或次類別價格下跌後，把資金從這些資產中移出──也就是在錯誤的時機，進行方向錯誤的資產移動）。

這種「買高賣低」的行為，造成投資人負擔千百億美元的成本。[3]

● 重點不是撤換，而是改進

圖 B-1 中的證據顯示：儘管機構投資人具有許多競爭優勢，包括全職員工、顧問，以及選擇被認為是極優秀經理人的能力，但通常都落後所選擇的基準指數。

在最近一項針對三千多檔機構基金所做的研究中，新獲聘的經理人在即將受聘之前三年，所創造的投資報酬率都遠高於遭到解聘的經理人。然而，新經理人再經過三年後，與原先遭到解聘的經理人所創造的報酬率相比，實際上並不會比較優異（即將受聘的經理人在此前三年，每年分別產生12.5％、7.8％、4.3％的國內股市超額報酬率）。

這種一再重複的現象，會造成兩種因為重複而累積的成本。我們該關注的不是在改換經理人之後，新任經理人績效略微不佳所引發的成本，而是舊任經理人遭到撤換前，三年內績效嚴重不佳的問題。

諷刺的是，一旦聘請了新經理人，就幾乎沒有人會再去研究新任經理人的聘用過程，多常或為何令人失望。終止合作的積極型投資經理人可能會告訴自己，他們差勁的表現只

3　他們估計年度成本超過 3,000 億美元。

是暫時性的「異常」，而且帶著毫無根據的樂觀，期望將來更美好，也期待會有更好的表現。同時，客戶也告訴自己，自己很明智的解雇了差勁的經理人。如果客戶和經理人都沒有學習或檢討他們的實際經驗，那麼持續表現不佳的問題肯定會繼續存在。

圖B-1 撤換和新聘投資經理人的額外報酬率之比較

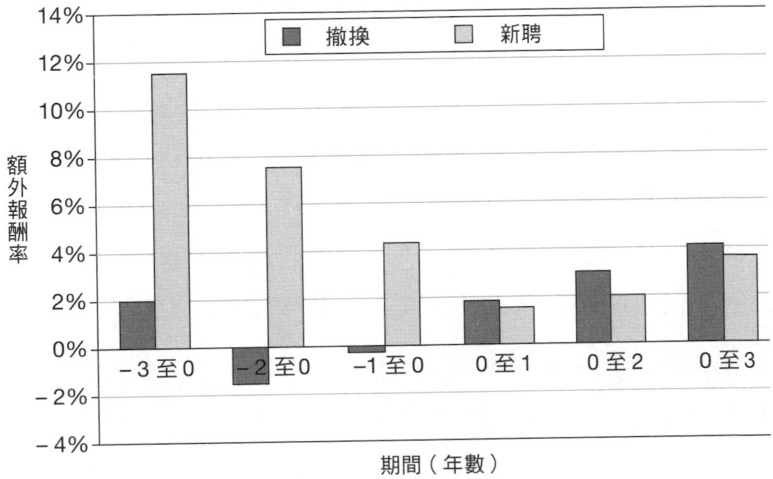

說明：新聘經理人在前三年的表現會比遭撤換的經理人好。然而，再經過三
　　　年後，新聘經理人與遭撤換經理人的表現反而沒有顯著差異。

資料來源：Goyal and Wahal, 2008. The Journal of Finance. Vol. LXIII, No. 4.
　　　　　August 2008.

　　如果客戶檢討自己的經驗，一定會看出最沉重的成本，是他們試圖找出可能創造優異績效經理人時所冒的風險。**但是用過去的績效，找出哪些經理人將來可能創造優異績效，**

只會增加失望的機率，因為過去的績效——不管多麼令人動容，都無法預測未來的績效。

有一種陰影正糾纏著積極型管理。指數型基金比照市場風險，持續提供媲美市場的報酬率，卻只收取非常小額的「產品」管理費[4]，表示積極型經理人只能希望自己在打敗大盤時，提供真正的價值——就我們所知，大部分經理人都無法打敗大盤，長期尤其如此。真正的費用——隨著真正的附加價值比率而提高的費用增加幅度——實際上占到積極型經理人所提供價值的100％以上。

我在第二十一章解釋過，積極型管理的真正邊際成本，是積極型經理人根據自己所提供的較高報酬率，而加收的較高費用。從正確的角度來看，積極型管理可能是唯一成本超過所提供價值的服務（研究真正成本與顯性成本的人提醒我們，一隻小狗的真正成本不是購買牠的價格，遊艇的真正成本也不是付給船舶經紀商的價款。就遊艇來說，老摩根說過一句很有名的話：「如果你必須問遊艇的成本，你就買不起。」）

客戶逐漸了解，績效不佳的一大原因是費用——在今天的高度專業化市場中尤其如此。其中的諷刺很殘酷，就是許

4　奇怪的是，甚至有一些指數型基金也收取高額的費用——對模擬標準普爾500指數的基金，收取高達0.75％的管理費。

多積極型管理人技巧十分高明、能力相當高超、工作極為勤奮，以至於他們共同主宰市場。因此，很少人能夠打敗專家共識，令人不安的是，投資人並無法確定誰能做到。

在投資這一行裡，犯下系統性績效不佳罪行的嫌疑犯不少。三十年來，我跟歐亞及整個北美洲的大型投資管理公司合作，研擬企業策略，我了解到主嫌就是投資經理人。

旁證很多：積極型經理人以能力高超、勤奮工作、訓練有素和全心投入聞名，他們對自己的工作價值深具信心（行為經濟學家把這種現象叫做「熟悉度偏誤」）。幾乎每一位積極型經理人，在新業務說明會和每季的檢討會議中，都向一種可理解的誘惑低頭——也就是從最有利的角度，說明自己的績效紀錄。所以，他們的紀錄幾乎總是「經過美化」。他們選擇包含歷史性績效圖表中的年度時，經常選擇讓大家能夠「得到最好印象」的年度，而且也基於同樣的原因，選擇用來跟績效評比的基準指數。

要了解真相，還有另一個線索：不管他們採用的投資哲學和決策過程有多麼複雜，卻經常全都過度簡化，配合選定的資料紀錄，然後對大家扼要說明——說這些東西是令人信服的「普遍真理」。他們引導潛在顧客和客戶，相信每一位經理人在績效戰爭中，都在觀念方面發展出很有吸引力的競爭優勢。沒有一位經理人坦白談論，隨著企業資訊和嚴格的分析增加、競爭者大增，加上大家原本當成「祕密武器」（一

種積極型經理人的競爭優勢）的資訊逐漸商品化後，投資管理已經變得極為困難的事實。

現實主義者應該懷疑的是，雖然投資經理人可能希望以優異績效為基礎，壯大自己的投資管理公司，但是經濟因素——贏得更多新業務、盡量保有原有的業務——已經變成更強而有力的動機。近三十年來，根據我在幕後與若干國家規模大小不等的兩百多家投資機構合作的經驗，促使我的看法愈來愈傾向現實主義者的這種懷疑。

深入評估投資經理人的競爭力排名後，可以看出一個很有說服力的證據：經理人雖然知道，將來非常難以繼續創造最近達成的優異成果，卻一再在他們近年的績效數字十分有利時，特別努力對外推銷自己的服務，爭取新客戶。嗯，他們應該會這樣做吧！難道不是嗎？

現實主義者承認：在成績看來最好時，極力爭取新業務的經理人，會贏得更多業務；在績效不佳期間，善於兩面討好的經理人，會保住更多的業務。因此，如果觀察家問：「誰才是真凶？」證據會指向犯下造成投資機構績效不佳罪行的經理人。

• 投資顧問並不為客戶服務

然而，反思之後，我意識到必須考慮的另一群嫌疑犯：投資顧問。他們收取費用，負責監督投資人目前聘用的經理

人，也協助投資人選擇新經理人——當然是先協助客戶，決定解聘績效不佳經理人之後才這樣做。大部分忙碌的投資人認為，利用善於評估幾百位有潛力投資經理人的專家，利用他們系統化評估投資經理人的「績效」數字，定期跟他們的重要人員開會，嚴格比較他們的實際行為與過去的承諾，的確很有道理。投資人相信，「表面上」只努力追求客戶最佳利益的這些專家，能夠進行詳細、深入而獨立的評估。

現實主義者會指出，投資顧問是一種行業，雖然投資顧問希望為客戶創造絕佳的成績，但他們事業的經濟基本面，幾乎總是壓倒他們追求專業精神的願望。一旦投資顧問公司攤銷了評估經理人和編篡資料庫的成本，每增加一位客戶，年度利潤率會超過90％。因為經營良好的關係，未來會延續很多年，這種關係的經濟價值不是今年的費用而已，而是未來很多年費用的淨現值。同樣的，失去任何一位客戶的費用中，超過90％的淨現值就是控制公司獲利的直接減少。因此，顧問公司老闆會密切注意公司的業務關係，每一位線上經理人的優先目標很清楚，就是「不要喪失客戶」。最後，這種優先目標不免會主導每間顧問公司裡每個人的行為。

持續看出將來會有優異能力的經理人，又能有技巧的解聘將來會令人失望的經理人，是十分艱難的工作，因此假設任何公司多少能夠做好這件事，絕對過於天真。鼓勵每一位客戶分散投資在很多經理人身上，藉以建立強而有力的自我

辯護地位，應該是較為精明的企業策略。利用「愈多愈好」的分散投資方法，可以保障投資顧問的業務，因為這樣可以分散任何特定經理人績效不佳、傷害投資顧問跟客戶關係（及未來收費）的風險。

投資顧問會把代理人經濟利益的重點，放在「盡量長久保持最大數量的客戶」，這種代理人利益和客戶長期的委託人利益並不十分配合。雖然任何一方都不樂於見到這種情況，但可以預期的是，代理人行為和委託人行為會有所衝突。

當然，我看過投資組合多元化策略會導致客戶聘用更多經理人，這樣會提高一位以上經理人創造令人失望成績的機會，也會使投資人更依賴投資顧問，負責監督這些經理人——還要監督當現有經理人之一表現落後或不佳時，新引進的經理人。監督所有這些經理人，使投資人在資訊和評估方面仰賴投資顧問。

投資顧問很清楚，知道只能提供最近擁有厲害績效紀錄的經理人，供投資人做最終選擇，也知道不要為「令人失望」的經理人辯護，以免失分（你見過任何顧問推薦投資經理人時，會說：「這位經理人最近的績效紀錄看來的確不好，但我們的專業意見是：這位經理人擁有特別強而有力的團隊，也熬過對他們的投資風格不利的市場風暴，我們現在相信，他們將來會創造優異的成果。」你有聽過嗎？）

最後，我們每年追蹤哪些經理人會贏得客戶、哪些經理

人會喪失客戶後，得到的紀錄顯示，投資顧問的客戶一直都在經理人創造最好的績效年度後，聘請這種經理人；在經理人創造最差勁績效的年度後，解聘這種經理人。因此證據指向下述結論：這一切都是投資顧問的所作所為！投資顧問犯了造成投資人績效不佳的罪行，或至少在這方面是共犯。

● 投資人無法抵抗高獲利誘惑

不過也有細心的觀察者，將懷疑指向另一個方向：散戶自己或投資機構的基金主管。大家早就知道，投資經理人總是代表在社會上占有主導地位、十分善於完成交易、從中獲得優厚報酬、具有追求絕對勝利決心的人。機構基金經理和散戶都沒有錯，他們無力抗拒。大多數投資人沒有認真購買投資服務，而是出售這些服務。最容易賣掉某一位投資經理人的時機，是這位經理人的投資績效到達巔峰的時刻。因此，不管現實主義者多麼不願意，都會受到吸引，並得出投資人自己才是真正罪魁禍首的慘痛結論。

我曾經在亞洲、北美洲、歐洲和中東等地，一共十多個基金的投資委員會擔任委員，這些基金的資產規模從1,000萬美元到4,000億美元不等。我從這種經驗中看到的證據，十分持續而一貫的指向另一個令人吃驚的罪魁禍首。儘管投資委員會的個別委員和整體都抱著最大的善意，但是犯下績效不佳罪行的罪犯，卻可能是投資委員會。

首先，很多委員會的運作方式，不能反映投資市場的重大變化，這種變化使很多傳統的投資信念過時——經常在投資委員會任職的資深人士通常仍緊抱舊信念不放。很多投資委員會在無形之間，錯誤界定本身的目標，而且用適得其反的方式建構投資委員會，因此，就像莎士比亞所說：「親愛的布魯特斯，錯不在我們的命運，而在我們自己。」

　　但是在客觀評估上述所有證據後，不論投資委員會的委員受到多大的誘惑，多麼希望坦白承認自己是績效不佳的主因，但是委員會都不應該負起全責。委員會確實有罪，但有罪的不只是委員會而已，委員會還有許多共犯——積極型投資經理人、投資顧問和投資顧問公司也都有罪，我是說有罪的不只是一位嫌犯而已，所有的嫌犯都有罪。

　　克莉絲蒂在「故事結局」中的諷刺意味，深受許多讀者喜愛，投資天地的情形也很像這樣，沒有任何罪人準備承認，自己在「表現不佳」這個罪行中扮演的角色。所有嫌疑犯都知道自己在工作上盡心盡責，知道自己工作勤奮，真心相信自己無辜。他們不承認自己在這項罪行中的角色，甚至似乎沒人承認有人犯罪——在他們檢驗證據、承認自己的角色之前，甚至不知道有人犯了罪。然而，積極管理的績效不佳罪行，無論是在多麼無心的情況中犯下，我只能說將來還會繼續再犯。

延伸閱讀推薦

如果你希望知道更多，這裡推薦十本書，你會發現下列這些書很有意思，也值得深入閱讀。

1.〈波克夏公司年報〉，作者巴菲特是美國人公認最成功的投資人，他略帶幽默、卻十分坦白的說明他和夥伴蒙格的所作所為，以及背後的原因。這些精采的年報很有閱讀娛樂性，又具有深奧的啟發性，讀來令人愉快，是所有投資人的開放教室。當年度和上一年的年報可參閱 berkshirehathaway. com。

2.《智慧型股票投資人》，作者葛拉漢是大家公認的投資管理業始祖，本書是一本「高級的入門書籍」。當之無愧的

當代最受歡迎投資評論家傑森‧茲威格為這本名著，重刊一本經過精心評注、內容充滿當代看法與觀點的版本。如果你希望加強深度、廣度和嚴謹程度，請研讀葛拉漢與陶德合著的《證券分析》，八十年來，這本書出過六版，一直是專業投資人的聖經。

3.《股神巴菲特的神諭》（Tap Dancing to Work），作者凱洛‧盧米思（Carol Loomis）是《財星》雜誌著名記者兼作家，本書匯集她和老友巴菲特發表在《財星》雜誌上的多篇文章，再經過精心評注而成。

4.《柏格談投資：第一個五十年》（John Bogle on Investing:The First 50 Years）。作者柏格是散戶投資人的保護者、先鋒公司的創辦人，也是思想清楚、文筆絕佳的聖戰士，他的很多看法值得我們所有人珍惜和利用。

5.《開創性投資組合管理》（Pioneering Portfolio Management），作者史文森是耶魯大學極為成功的投資長，他在書中用極為淺顯的方式，說明如何管理大型免稅投資組合，書中沒有術語、沒有複雜的公式，卻有很多明智的思考與判斷。本書是歷來跟專業投資有關的最佳傑作，認真的業餘投資人都能完全了解。史文森詳盡、明確說明耶魯校產基金每個投資面向背後的原因，顯然促使（甚至迫使）所有其他投資機構，必須針對下列這些核心問題，提出自己的答案：

- 你的策略性投資組合結構如何？原因何在？
- 你如何選擇投資經理人？原因為何？
- 你的支出規則為何？原因何在？
- 你的投資委員會的特殊功能與責任為何？原因何在？

6.《快思慢想》，陳述諾貝爾經濟學獎得主康納曼（Daniel Kahneman）如何以動人的方式，說明他和其他重要行為經濟學家的研究結果，顯示我們的行為，並非像經濟學家過去所相信的那麼接近理性；而我們的非理性行為，是非常一致且可以預測的。

7.《烏合之眾》（*The Crowd*），作者古斯塔夫‧勒龐（Gustave Le Bon），本書早在十九世紀末即出版，書中指出聰明人加入團體後，會失去理性和個性，更糟糕的是，會成為群眾的一份子——投資人經常展現「群眾行為」，造成泡沫與恐慌。

8.《你唯一需要的投資指南》（*The Only Investment Guide You'll Ever Need*），作者安德魯‧托比亞斯（Andrew Tobias），本書是十分平實、輕鬆好讀的入門書籍，文字明確、詳盡、坦誠，行文中又具有十足的個人魅力，難怪這本書賣出一百五十多萬本。

9.《漫步華爾街》，作者墨基爾（Burton Malkiel）在這本銷售超過一百五十萬冊的傑作中，針對專家已經知道——

所有投資人都應該知道——的問題，提出備受歡迎又十分精采的指路明燈，說明最好和最有用的研究，也說明如何在你的投資生涯中，釋放這種研究的力量。書中處處可見這位普林斯頓大學歷來最受歡迎的一位教授，直入核心的看法。

10.《投資天規》(*Investor's Anthology*)，本書收集多篇精采論文，都深具影響力，提供名不虛傳，能「啟發」專業投資人的多項遠見和觀念。

11.《指數革命》(*The Index Revolution*)，講述隨著市場許多主要方式產生了變化，我從積極型投資人轉為指數化投資的支持者。任何尚未開始做指數化投資的投資人都應該閱讀本書，了解進行指數化投資的好理由，然後做出決定。

12.《投資的奧義》(*The Elements of Investing*)，墨基爾與我合著簡短而明確的投資指南，不到兩個小時的閱讀時間，就能滿足初學者的所有實際需求。

投資終極戰

贏得輸家的遊戲——用指數型基金，打敗 85％的市場參與者

二十周年｜全新增訂版｜

Winning the Loser's Game (7th edition)

作　　者　查爾斯・艾利斯（Charles D. Ellis）
譯　　者　劉道捷、林奕伶
主　　編　郭峰吾
校　　對　陳子揚

總 編 輯　李映慧
執 行 長　陳旭華（steve@bookrep.com.tw）

社　　長　郭重興
發 行 人　曾大福
出　　版　大牌出版／遠足文化事業股份有限公司
發　　行　遠足文化事業股份有限公司
地　　址　23141 新北市新店區民權路 108-2 號 9 樓
電　　話　+886- 2- 2218 1417
傳　　真　+886- 2- 8667 1851

封面設計　萬勝安
排　　版　藍天圖物宣字社
法律顧問　華洋法律事務所　蘇文生律師
　　　　　（本書僅代表作者言論，不代表本公司／出版集團之立場與意見）
合作出版　美商麥格羅・希爾國際股份有限公司台灣分公司

定　　價　450 元
初　　版　2014 年 5 月
三版五刷　2023 年 3 月

國家圖書館出版品預行編目（CIP）資料

投資終極戰：贏得輸家的遊戲——用指數型基金，打敗 85%的市場參與者/查爾斯・艾利斯 著；劉道捷、林奕伶 譯 .-- 三版 .-- 臺北市：麥格羅希爾出版；新北市：大牌出版，遠足文化發行，2020.11
334 面；14.8X21公分
譯自：Winning the Loser's Game（7th edition）
ISBN 978-986-341-449-0（平裝）
1. 投資管理 2. 投資分析

563.5　　　　　　　　　　　　　　　　　　　　　　　　109011614